憂うつデトックス

「未来の不幸な自分」が幸せになる方法

大嶋信頼

NOBUYORI OSHIMA

WANI BOOKS

はじめに――憂うつが行動の邪魔をする

朝起きたら憂うつな気分で「会社に行きたくない」なんて思うことはありませんか？

私は、毎日のようにありました。

学生の頃は「勉強をする」とか「片付けをする」と思うと憂うつな気分になって「こんな気分じゃできない」と行動できなくなっていました。また、友達と食事に行くって元気よく約束したはずなのに、当日になったら憂うつな気分になってしまって「行くのが面倒くさいな」とものすごく足取りが重くなる。これもいつもでした。

勉強や片付けができないと、学校の友達と顔を合わせるのも憂うつで、もちろん学校に行くのも憂うつな気分になっていて、今振り返ってみると「よくあんな気分で学校に行っていたよな」と思います。周りの人たちは楽しそうに学校に行ったり、勉強に集中したり自由に行動できるのに、どうして私はいつも憂うつになって何もできないんだろう？　というのがずっと私の悩みでした。

仕事を始めても「上司に相談するのが憂うつ」になってしまって、失敗をしてしまい「なんでちゃんと事前に相談しないんだ！」と怒られます。電子メールのやり取りで仕事をするようになってからは「メールを返信するのが憂うつ」でいつまでたっても返信を書くことができなくて「相手の信用を失ってしまう！」と焦ることが何度もあっても「憂うつでできない」となっていたんです。

会議で発表をする時に「資料を用意しなければいけない」と思うと「憂うつになって資料を作成する気になれない」となってしまって「直前になって慌ててやったって駄目だ！」と上司から怒られていました。でも「やらなきゃ」と思うと憂うつな気分になって行動できなくなってしまう。

私はずっとこれを「私がだらしないから」とか「甘えているから（人が何とかしてくれる）」と思っていました。だから「ちゃんとした人間にならなきゃ」とか

「責任感がある大人になろう」と思って努力をするのですが、外から見てわからないだろうけど、何をするにも憂うつな気分が消えません。そして、憂うつな気分のままでいると元気がないし、明るくもなれないから、空元気で明るいふりをして虚しさを感じ、「誰も私の大変さをわかってくれない」という孤独感でいっぱいになります。

でも、憂うつな気分の正体を知った時に「だらしない」とか「甘えん坊」というのとは全然関係なくて、ものすごく深い仕組みがあったんだ、とびっくりしました。

この本では「憂うつな気分になるのは先のことを考えるから」というテーマになっています。そしてただ先のことを考えているだけでなくて、考えるだけで未来に時間旅行をしてしまうから憂うつな気分になってしまう、ということまでの心理学の範疇を超えたお話が展開していきます。

そんなバカな、と私も最初の頃は思ったのですが、何か行動を起こす時に感じる、人にわかってもらえないであろう、あの憂うつな気分のことを考え「ありえるかも」と興味を持つようになりました。

だって、あの憂うつな気分って本当に他人にはわかってもらえないぐらい、ものすごく憂うつだから。あれってただの考え方、とか行動の仕方じゃなくて、突然襲ってくるような憂うつさで表現のしようがないもの。それが「憂うつな時は時間旅行をしている」でなんとなく自分の中で腑に落ちてしまった。

そう、先のことを心配しない人には、この憂うつな気分のことを説明してもわかってもらえない。常に先のことを心配する人だけが体験するあの憂うつさ。あんなちょっとしたことで、なんであんな憂うつな気分になるのか？　ということが、脳の時間旅行という物語でちょっと腑に落ちてきます。

そして、その時間旅行を意識することで「憂うつな気分からどんどん元気」になっていき、それまで憂うつな気分で隠されていた勇気というものが自分の中から湧いてきて、さまざまなことに挑戦できるようになります。さらに、脳の時間旅行という物語でそれまでとは違ったたくさんの選択肢が目の前に広がるようになって、周りの人たちから「明るくなった！」と言われるように変わっていきました。

この本に書いてある、憂うつな気分の背後にある時間旅行という物語をちょっと知るだけで「自分だけの憂うつさ」という孤独から解放されて、自分に対する信頼感を取り戻す助けになってくれたら、と心から願っております。

CHECK LIST

もしかしたら未来を見すぎかも?

あなたの憂うつ度診断

未来を見てしまう人ほど憂うつ度は高い。
まずはここにある項目で、
当てはまるものをチェックしてみましょう。
診断結果は 16 ページです。

check!

- [ ] 朝起きたら仕事や学校に行きたくないと感じる
- [ ] 何をするにもかったるい
- [ ] 新しいことをする気力がない
- [ ] 何をするにも興味も喜びも感じない
- [ ] 周りから「元気がないね」と言われることがある
- [ ] 元気な振りを演じている自覚がある
- [ ] みんなが笑うところで笑顔を作っている
- [ ] 食事を変えていないのに体重が増えたり減ったりした
- [ ] 食欲がない
- [ ] 食べ物を食べていてもおいしいと感じられない
- [ ] いくら寝ても「よく寝た」という感覚がない
- [ ] なかなか寝付けない
- [ ] 寝ても途中で目が覚めてしまう

- □ よく悪夢を見る
- □ 思ったように体が動かない
- □ 以前より、勉強や仕事が遅くなってしまった
- □ 作業をしていて「どうしたの？」と心配されることがある
- □ 疲れを感じることが多くなった
- □ 疲れがなかなか抜けない
- □ 身体を動かすことがおっくうである
- □ 失敗が頭の中に浮かんで「申し訳なかった」と罪悪感
- □ 「自分には価値がない」と考えることが多くなった
- □ 「人に迷惑をかけている」という感覚がある
- □ 集中力がなくなってしまった
- □ 物事を決めることができなくなってきた
- □ 将来に希望が持てない
- □ 人前で緊張することがある
- □ 朝起きた時に嫌なことが真っ先に浮かんでしまう
- □ 不快な記憶が襲ってくることがある

診断結果は16ページ！

contents

第3章 ―自分の未来は変えられる― 089

contents

目次

第4章 自分の未来の想定法 129

あなたの憂うつ度

診断結果

8ページの診断結果を確認！　当てはまった数が多い人ほど、遠い未来まで見てしまっている可能性が高いです。すぐに本編を読んで憂うつな気分を洗い流しましょう！

☑ 26項目以上

憂うつ度★★★★★

死後から十三回忌先まで見えてしまっている。自分が亡くなってから12年経って親族のみが集まる場面で自分がいなくても誰も困らない現実が見えてしまっている。誰も心を痛めていないし、誰も自分が存在していたことに感謝していない。あんなに家族の気持ちを考えて生きてきたのに、そんなことは全く意味がなかった世界が見えてしまっている。

だから、仕事をしててもむなしいし、人間関係を築くことも馬鹿らしいことに思えてしまってなにもやる気がなくなり、人生の意味が見出せなくなる。ちょっと見方を変えれば悟りの境地。

☑ 21～25項目

憂うつ度★★★★☆

死の直前の意識を失う瞬間の未来が見えてしまっている。すべてがむなしく空虚な感じ。これから先の未来というものが存在していないし、ここが人生の終着点ということで、自分がやってきたことすべてがむなしく意味のないことだと振り返って思えてしまう。

「自分は何も成し遂げられなかった」とか「何か素晴らしい思い出をほかの人たちと残した」

など、振り返って思っても、この瞬間にはすべてがむなしくただの幻想に見えてしまう。だから、仕事も何もかも意味を感じることができなくて、何をやってもむなしくて、人間関係でかかわりを持つのもおっくうになってしまう。

16〜20項目

憂うつ度★★★☆☆

定年後の自分の生活が見えてしまっている。過去の自分の人生を振り返って、嘆いたり、後悔したりという感じで「自分の人生とは何だったんだ?」とそこに意味を見出そうとする。過去を振り返っても、自分自身の価値を見出せずむなしく落ち込むような気持ちになるが、これから何かをやろう、という気力も残っておらず、無力感を感じている未来の自分。他人と自分を比べてしまうので、いつも「あの人と比べて」などと卑屈な気持ちになってしまうから、人間関係は楽しめず表面的にしか広がらない。

11〜15項目

憂うつ度★★☆☆☆

5年先の自分の未来が見えている。自分が努力しても現状を変えることができないほどの疲れを感じてしまっている。自分が目標にしてきたことも達成できず、達成したとしても満足感がそこになくて疲労感だけが重くのしかかってくる。だから、何をやるにも、やる前から「疲れる」といってなかなか手を付けられないから現状を変えることができない、と自分自身を責めてさらに疲れる毎日。

人との付き合いは5年先の未来が見えているから「いつかはこの人も自分から離れていく」ということがわかってしまうので、積極的に付き合うことができず、相手から得られるものが何もなくなってしまう。

☑6～10項目

憂うつ度★☆☆☆☆

一週間先の未来が見えている。やるべきことがしっかり見えていて、それを一つ一つこなしていくことで心地よい達成感を感じながら自分の成長を感じることができる。

一週間以上先はわからないので、人からどう思われようと気にすることなく自由に振る舞い余計な気を使わなくて済むので何をしても楽しめて、気を使わないから逆に人間関係は広がって豊かになる。

☑5項目以下

憂うつ度☆☆☆☆☆

「今を生きる」。先のことなど考えることなく「今」の自分の感覚で生きることができる。だから、何をやっても新鮮な感覚で楽しむことができて、新しい発見の毎日だから疲れることがない。人間関係でも「一期一会」を大切にすることができるから、どんどん広がって、周りの人から助けられて世界が広がっていく。

第1章

憂うつは未来からやってくる

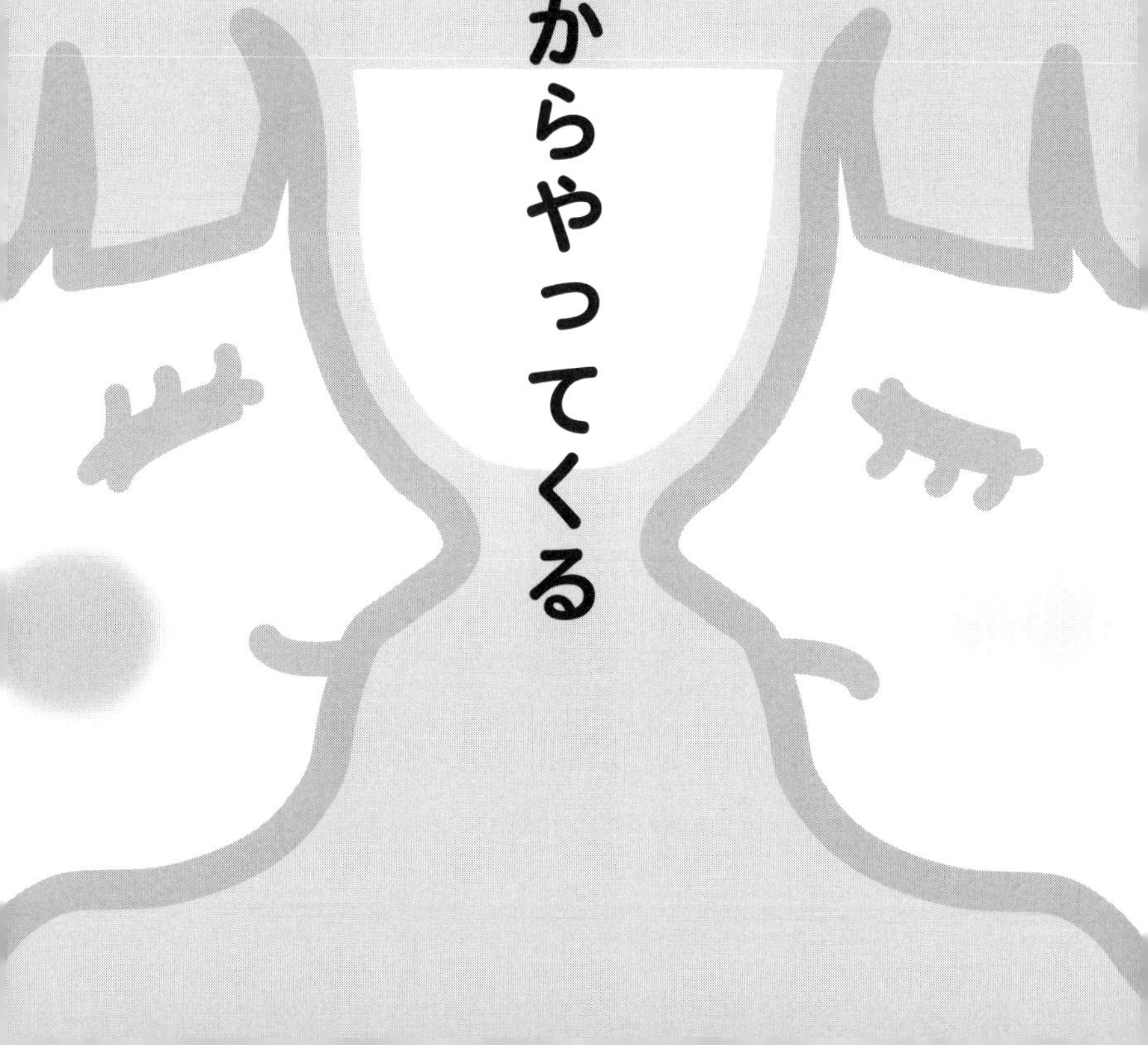

1-1 憂うつな気持ちになりやすい人の共通点

「確実に不幸なことが起きる」という確信

私が憂うつな気分になっている時は「周りの人と比べて自分は何も成し遂げられていない」と思い悩んでしまいます。私以外の人たちは、友達もたくさんいて職場の同僚や上司などとも仲良くやっていて、プライベートや仕事も充実している。家に帰れば幸せそうな家族がいて、家族から尊敬されていたりします。

でも、自分は友達もいないし、職場の同僚からは馬鹿にされていて、一緒に仕事をやっていても「ただ自分はみんなからいいように利用されているだけ」と惨めな気持ちになってしまう。一生懸命に働いたってお金はちっとも貯まっていないし、このままお金が貯まらなければ貧乏になって惨めな生活を送ることになる……と将来の破綻がイメージできちゃいます。

ちょっとしたことで仕事を失敗してしまい、そこからお金も家族もすべて失って生活が破綻し、慣れない肉体労働をやりながら身体を壊して、だれからも見向きもされなく人生が終わっていく自分の未来がハッキリ見えてしまいます。

「これって私だけなのかな？」とか「私だけがおかしいのかな？」と思っていたのですが、憂うつな気分になりやすい人のお話を聞いていたら「あー、私と一緒なんだ」と気が付きました。

たとえば人の話を聞いていて「まだ起きていない将来のことなんかわからないでしょ！」とか「そんな先のことを考えても仕方がないでしょ！」と突っ込みたくなる場面があると思います。でも、私自身が憂うつな気分になっている時を振り返ってみると「あ！　同じことをやっている！」と、将来起きるかもしれない不幸を次から次へと考えて嘆いていたんです。そして、憂うつな気分になっている方の話を聞いていたら「そんな他人が自分と比べて幸せかどうかなんかわからないでしょ！」と話を遮りたくなります。でも、私自身のことを考えてみたらたしかに、「他人は自分よりも幸せであると確信を持っている」という感覚になっていることに気づいたんです。

人の話を聞いていたら「他人のことなどわからない」とか「未来に何が起きるかなんて知れるわけがない」と常識的に考えられるのですが、自分が憂うつな気分になっている時は「みんな自分よりは幸せ」とか「未来に確実に不幸なことが起きる」という確信があって、そこから抜け出すことができなくなります。

「今を生きる」ことができない

そうなんです、憂うつな気分になってしまう人の特徴は「今の自分」から幽体離脱をしたような感じで「他人の生活」が手に取るようにわかってしまう。そして「今の自分」からタイムスリップして〝未来の不幸な自分をリアルに観察する〟ことができてしまう能力があったりするんです。

人は「今」という時しか生きていないのに、憂うつな気分になってしまう人は「今」がなくて「過去」や「未来」へと時空を超えた旅をしてしまいます。そして「今を生きる」ことができないから「今の自分の現状に満足して感謝する」という気持ちが一切なくて

「他人の気持ち」を考えて不安になり、そして「他人の幸せそうな生活」と比較して自分の惨めさを嘆き悲しむ、ということをしてしまいます。

もう一つの憂うつな気分になってしまう人の特徴は「チャンスを逃がす」があります。憂うつな気分になって「今を生きる」ことができなくなってしまった私は、後になって「あの時に、なんでチャンスを逃がしてしまったんだろう？」と後悔してしまいます。

実際に最近体験したことなのですが、ある日私は「今あるお金をちょっとでも増やすためにゴールド（金）を購入した方が良いのでは？」と考えていました。しかし「今を生きる」ことができない私は「周りで幸せそうにしている人はそんなことはしていない」と確信を持っていますから「自分は間違っているかも？」と不安になってしまいます。「今を生きる」ができない私は未来に飛んで、未来の貧乏になった自分が見えてしまうので「そんなことでお金を使ってしまったら将来、破綻してしまう」と購入する決断ができずうやむやになっていったのです。

ところが最近、新聞を見たら「ギャ〜！　あの時と比べたら金の値段が高騰していた！」とショックを受けました。そして「なんであの時に決断ができなかったんだろう？」と後悔して、再び目の前にやってくるチャンスを逃がして「どんどん自分は不幸になる」と憂うつな気分になってしまうんです。

私の体験しているこの状態を専門家が診たら「妄想的になっている」とか「憂うつな気分になって幻想の世界を見てしまっている」と判断されてしまいます。

でも、私からしたら「いや、実際に目の前には不幸なことが起きています！」となっているわけです。だって、実際にチャンスを逃がして、得るべきお金を失ってどんどん自分は不幸になっていくのですから。それは妄想でも幻想でもなくて現実に起こっていることと、と訴えても誰にも理解されません。

そうなんです、憂うつな気分になっている人の気持ちや目の前で現実に起きていることは「誰にも理解されないし、信じてもらえない」という特徴があるんです。周りの人は、私が置かれている現実を全然理解しないで「そんなことを考えてもしょうがない」とか「人と比べたって仕方ない」と言うのですが、それは私が体験しているこの不幸な現実を実際に体験していないから軽く言えることだと思ってしまうんです。

1-2 最悪を想像しておかないと実際に起きた時に耐えられない？

「最悪」を想像すると、二度痛い

私は子供の頃から憂うつな気分「明日学校に行くのが嫌だな」となっていました。学校に行ったらみんなから仲間外れにされて、みんなの前で泣かされて惨めな目に遭う、と想像していると「本当にそうなった！」と学校で泣きながら自分が想像していたことが正しかったということを実感します。

「勉強をするのが嫌だな」とおっくうになるのは、どうせ勉強をしたって、テストの当日になってちっともわからなくて、適当なことしか書けず「クラスで一番下の成績だ！」となってしまうから。その答案用紙が両親に見つかってしまって「死ぬほど怖い目に遭わされる」という未来が見えてしまいます。そして幼い私は「ごめんなさい！　次からちゃんと勉強しますから」と両親の前で泣きながら謝っていて、心の中で「ほーら！

やっぱり思った通りになった！」という感じになっていたんです。

こんな気分になるのは「先のことを考えるからだ」というのは子供ながらにわかっていました。でも「最悪を想像しておかなければ、それが実際に起きた時に耐えられないかもしれないから自分はそれをしている」と憂うつな気分になって、未来に起きることを想像している理由を考えていました。

しかし今振り返ってみると、想像していたことが実際に起きてしまうから「二度痛い」思いをします。憂うつな気分になって未来を想像して、想像の中で痛い思いをして、それが現実になるまでずっと憂うつな気分でおびえ続けて、そして実際に起きてしまって「想像以上に痛いし辛い」という現実を体験しちゃいます。

「最悪な状況に耐えられる」と思っていたのに、「ちっとも痛みや辛さは和らいでいないから耐えられない」と、自分が無意味なことをしている気がしていても、憂うつな気分になって未来を想像することは止められませんでした。

仲が良かった友達と楽しく過ごしている時に、突然憂うつな気分になって「この友達とも喧嘩をして、相手から嫌われちゃうんだろうな」と想像したら本当にそうなってをしまう。「ほら！　やっぱり険悪なムードになって友達関係が終わってしまった」と落ち込む。最悪な状況に自分の心が耐えられるように最悪を想定していたら「それが現実になって耐えられない！」という繰り返しの人生でした。

引きこもりの人が見ていた〝未来〟

やがてカウンセリングの仕事をするようになって「あれ？　みんな私と一緒だ！」と憂うつな気分になっていらっしゃる方は「未来のことを想像している」ことがわかります。引きこもっていた男性は憂うつな気分になって「自分がコンビニでアルバイトをしたら周りの人からいじめられて、そして仕事が続けられなくなって職を転々とする」とおっしゃっていた。今までのカウンセラーは「そんなことやってみなきゃわからないじゃない！」とその方に叱咤激励をしたが、引きこもりをされている方は「それが怖くて動けない」と足を踏み出すことができませんでした。

私は、そのお話を聞いていて「あ！　もしかしてこの方は未来が見えているのかも！」ということに気が付いたんです。自分が憂うつな気分になって想像した未来に対して「そんなことを考えるから実際に悪いことが起きるのかもしれない」と自分を責めていました。でも、責めても憂うつな気分になって未来を想像するのが止められませんでした。

その引きこもりの方のお話を聞いた時に「この方、未来が本当に見えているのかも？」と大胆なことを考え始めたんです。なぜなら、そのコンビニで仕事を始めた時の話があまりにもリアルで「本当にこの方は仕事をした経験がないのかな？」と疑うぐらいのやり取りだったから。

リアルに話をしてくださったご本人は「自分の性格特徴を一番よく知っているから、そういうリアルな想像ができるんですよ」と言っていた。でも、一緒に働いている上司とのやり取りなどは「実際に職場で働いた人しかわからない」というような細かいやり取りまで含まれていた。引きこもりをされていた方は「テレビドラマなどでコンビニのシーンを見ているからですかね？」とおっしゃっていたのですが「いや、あまりにもリアルすぎる」と私はますます「憂うつな気分の方は未来が見えているのかも？」と疑いだしました。

この引きこもりの方の場合は「憂うつな気分で未来を想像して避けている」となって

いました。でも、私は「未来の想像通りに嫌なことが起きる」となっていたので「引きこもっている方は未来がちゃんと見えていて、そのトラブルを的確に避けることができているのかも？」とその賢さに感動しました。

自分は「嫌なことが起きるかも」と未来のことを想像してとことん嫌な気分になった時に「もしかして、そんなことは起きないかもしれない」と限界を超えてあきらめの境地のような楽観的な感覚になってしまう。そして「ほら！　やっぱり嫌なことが起きた！」と想像した通りの嫌なことが起きるパターンから抜けられませんでした。

そこで私は「もしかしたら自分も憂うつな気分になっている時って、未来が見えているのかも？」という考えから「未来が見えているのだったら未来を変えられるかも？」と気づいてしまったんです。

1-3 未来が見えるほど憂うつになりやすい

いいことは何ひとつ予測できない

私は、子供の頃から「未来を見る」ということをやっていて、遠足などのイベントがあると「遠足の前に熱を出していけなくなってしまったらどうしよう」と熱を出している未来を見てしまって憂うつな気分になりました。

幼稚園でも小学校でも「遠足は楽しい！」とみんながワクワクしているときに「遠足の途中で調子が悪くなったら」という未来が見えてしまう。さらにその気持ち悪さ、具合が悪くなってみんなに迷惑をかけている自分のみじめな姿が見えてしまうから「遠足に行くのが憂うつだ」とみんなと同じように楽しめず、いつの間にか仲間外れになっていました。

そして、遠足の前日に熱を出して「やっぱり自分が見ていた未来は正しかった！」となります。ある時は、バスに酔って調子が悪くなり「みんなに迷惑をかけちゃった」と、見ていた未来と全く同じで「やっぱり思っていた通りになった！」とみじめで最悪な気分になりました。それをきっかけにみんなからいじめられのですが、それも私が見ていた未来の姿で、「思っていた通りになった」と自分が憂うつな気分になってみていた未来の自分は全部その通りになっていたんです。

10歳の時には、父親が運転をする車の後部座席で「自分は高校受験に失敗して落ちこぼれの学校に進学して、大学受験もできない」という未来を見ていました。そして、就職もままならなくて36歳で人生の幕を閉じる、という未来の姿が私の唯一の救いでした。

36歳までだったら、苦しみがそれほど長く続かなくて耐え続けられるかも、というのが自分にとっての救い。でも、そんな未来が見えているからいつも憂うつな気分になって「勉強なんかしてもしょうがない」と勉強をする気持ちにもなれない。未来が見えてしまっているから、全て投げやりな感じで「どうせ自分はみじめな人生を送って36歳で幕を閉じる」という感じであきらめモード。

中学生の時にクラスメイトがクラス対抗の合唱コンクールで一位を取った！　と喜んでいても、私には自分がこれから体験する不幸な人生が見えてしまっているから「みんなは楽しそう」と全く他人事で、私の気分は憂うつそのものでなにも楽しめない。こうして憂うつな気分になればなるほど「不幸な未来がどんどん見えてくる」となり、試験の赤点、そして先生から軽蔑される場面、さらには両親から殴られて泣きながら苦しむ姿、などの未来が見えて、さらに憂うつな気分になっていました。

一方、実際にそれを体験している時は、あんなにさんざん見ていた未来の自分なのに「これが夢であってくれたら」と目を閉じたくなります。夢であることを願って目を閉じてみて、再び目を開けてもそれがゆるぎない現実で、私が見ていたそのままの未来のみじめな自分の姿なのです。

私は「自分には未来を予知する特殊な能力でもあるのかもしれない？」と思っていました。でも、いいことは一つも予測できず、不幸なことはいくらでも予測することができて、それが本当に現実になる、という自信があったのです。

挑戦していないのにあきらめの境地

こんな私がカウンセリングの仕事をやるようになって「あ！　憂うつな人って私と同じように未来が見えている人が多い！」ということに気がつきます。

ある日、転職をして相談にいらっしゃった憂うつな方は、転職したばかりなのに「この職場ではうまくいかないんです！」と、３カ月後〜1年後の未来が見えてしまっている。

普通だったら「転職したばかりだから、そんなのやってみなきゃわからないでしょ！」となります。しかし憂うつな方は「誰にも自分に見えている未来をわかってもらえない！」と一人で悩み苦しんでいました。私はそのお話を聞いて「うん、わかるなー！私と一緒だ！」となっていました。

1年以上先が見えてしまうと「すごく憂うつな気分だ！」と私が学生時代に体験していた「何もかもあきらめの境地で何もする気になれない」となってしまいます。何をしたって無駄で「仕事で失敗したり人間関係がうまくいかなくなったりするのはわかっている！」と、全く挑戦もしていないのにあきらめの境地になってしまう。

私は周りの人から「あんたが努力しないからだろ！」とか「自分で工夫をして自分自身がうまくいくように挑戦してみたらいいじゃない！」などと散々言われてきました。でも、何度挑戦してみても結果は私がみていた未来の通りで「だから無理だと言ったじゃない！」になります。

「未来を見ている」自覚がない

ものすごく憂うつな方がいらっしゃった時に「自分の人生にはもう何もいいことがない！」とおっしゃるのは、憂うつな気分でテンションが落ちてしまっているからだけではありません。年齢が若くても老後の未来や、人生の終わりの未来が見えていることを誰にも理解してもらえなくて「本当にダメダメな未来が見えてしまっているんです！」と心の中で叫んでいます。

ところが、憂うつな方は「自分には未来が見えている」という自覚が実はあまりなかったりします。「悪いことばかり考えてしまっている」と思うのは、周りからそんな風に言われるから。「物事を悪い方向に考えすぎだよ！」や「前向きに生きないから、嫌なことばかり起きている気がしているだけだよ！」などと普通の人から言われちゃいます。

なぜなら、普通に楽しく生きている人であればあるほど「今」を生きていて「未来のことなどちっとも考えられません！」となっているから。だから「未来が本当に見えている」なんて未知の世界なのです。

理解できない現象であり「そんなことありえない！」と思ってしまう。でも、実際に憂うつな人は未来が見えている。そして、先が見えれば見えるほど憂うつになり、未来をただ黙って受け止めるしかできなくなってしまうんです。

1-4 未来が見えると選択肢がなくなる

対応しようとしても斜め上を行かれる

未来が見えてしまうと「どんどん選択肢がなくなってしまう」という現象が起きます。普通の人だったら「未来が見えているのなら、選択肢が増えるはずでしょ!」と前向きに考えられます。なぜなら、不幸な未来を見てしまって、それが現実になる、という体験をしたことがないから。

私は学生の頃、「今度のテストはクラスで一番悪い点数をとって最悪な気分になってしまう」という未来を見ていました。答案用紙が返ってきた時に「がびーん!」とショックを受けて顔面蒼白になっている場面です。

「そうならないように勉強しよう」と思うのですが「勉強をしようとすると必ず邪魔が

入る」という未来も見えています。これから一生懸命に勉強しようと思っている時に、母親から「買い物に行ってきて！」と頼まれる。「今、勉強をしようとしていたのに！」と言うと「そんなこと言ったって、あんたなんてこれまでちっとも集中して勉強をしたことがなかったじゃないの！」と怒鳴りつけられて、気分が下がり勉強ができなくなる、という未来。

実際に起きたことは、見えていた未来とはちょっと違ったのですが、やはり母親からの邪魔が入って「やっぱり邪魔をされて勉強をする気がなくなった！」ということが起きました。

そうなんです、予測しているから、必ずそれに対して対応できるようにも考えているのですが、必ず相手は想定していたことよりも斜め上を行きます。「勉強している」とは言わないでおこうと思っても、母親からは今度は「何をだらだら勉強をしてるふりをしているんだ！　ちっとも集中してないじゃないか！」と言われて、見えていた未来の通りにやる気を失う。そして、そんな未来も予測できるから「何をやっても無駄」という感じで選択肢がなくなっていきます。

またある時は、クラスの中でいじめられていて「いじめっ子から何かを言われる」ということが未来で見えている。心の中で「おまえはバカで間抜けで誰からも相手にされない！」と囃し立てられたら「無視しよう」と心に決めます。でも、無視をしたら「いじめっ子が後ろから背中を突き飛ばしてきてころばされて泣かされる」という最悪の未来が見えてくる。暴力に訴えられたら、ひ弱な自分には何も対処ができない、となってしまう。自分には選択肢がない。

「だったら体を鍛えればいいじゃない！」と普通の人は言うのですが「すぐに疲れてしまって、何をやっても三日坊主」という未来が見えているから「自分には体を鍛えることなんかできない！」と最初からあきらめているように思われる。いや、すぐに疲れてしまうんだと思いながらも、実際にやってみて「やっぱりダメだ」となる根性なしの自分は、自分が見ていた未来のままの姿。

未来が見えれば見えるほど、どんどん選択肢がなくなって「見えている未来に抵抗することができない」と憂うつな気分になってしまうんです。

やがて努力することができなくなる

実家暮らしで「親からちっとも自由になれない」と悩んでいらっしゃった方に対して、周りの人たちは「だったら安いアパートを借りて家から出ちゃえばいいじゃない！」と言うわけです。

しかしその方には「自分が一人暮らしをしたら、自分が体調を崩すか、両親の健康状態に問題が起きちゃって、自分がまた実家に戻らなければならなくなる」という未来が見えています。周りの人は「そんなの居心地がいい実家から出ないための言い訳だよ！」とか「そんなことを言っていたらいつまでたっても自立できないじゃない！」と勝手なことを言います。そして試しに家から出てみると「母親が転んで骨折をした！」と、家に戻って食事の用意をすることになり、そうしているうちに自分が体調を崩して「やっぱり一人暮らしは無理だ」と実家に戻って「ほら！　見ていた未来の通りになった！」となるんです。

その方は「両親が体調を崩しても自分は実家には戻りません！」と心に固く決心して

出て行ったんです。けれども、親戚からジャンジャン電話がかかってきて「なんて親不幸なんだ」と責められるから「戻らなければならなくなった」という未来を見ており、実際に親戚の電話で見事に決心が打ち砕かれて、「本当にそうなった！」と実家へと引き戻されてしまいます。

憂うつな気分で一度見てしまった未来は「それに対して対応しよう」と努力しても、相手は斜め上をいき「やっぱり選択肢がない！」と、どんどん望まない未来から自由になることができなくなってしまうんです。

もちろん憂うつな人も「未来を変えよう」と努力をたくさんしてきているのですが「未来は斜め上を行く」という感じで、努力しても「結果は同じ」を繰り返しているから、やがて努力することすらできなくなり、見ている未来をそのまま受け止めるしかなくなってしまうんです。「もしかしたらそうならないかもしれない」という淡い期待を持ちながら。

1-5 「見えている嫌な未来」に向かって行動してしまう

パトカーに突っ込んでしまう

学生時代に「女の子から好きになってもらって付き合っても、関係は長続きしない」という未来が、憂うつな私には見えていました。

実際に、女の子と映画に行っても「うわ！　予測していた通りの展開だ」と話が続きません。もっと面白いことを喋ればいいのに、と自分でも思うのですが「なんで宗教の話をこんな時に真面目に話しちゃうんだろう？」とか「相手の家族の心配なんかどうでもいいじゃない！」と思うのですが、自分ではそれが場の空気を冷えさせる、ということがわかっていても「止められない！」となり、「やっぱり気持ち悪がられて嫌われちゃった！」のが女の子の目の輝きが失われていく様子からわかります。

そして、相手から「もうあなたとは付き合えません」と言われてショックを受けて「二度と立ち直れないかも」と一人で涙を流す未来がちゃんと私には見えていて、その通りになってしまいました。

公衆電話で女の子から別れ話を切り出されて、私は「自分が見ていた未来の通りになった」とクイズ番組で正解を出した時のような感覚になるのですが「自分には周りの人のような楽しい未来はない」という現実が襲ってきて、ものすごく悲しくなりました。

アメリカのある研究では「高速道路でパトカーがパトランプを点灯して停車していると、そこに車が突っ込んでくる確立が高くなる」というものがあります。

人は「そっちに行っちゃいけない！」と思えば思うほど「ハンドルがパトカーの方に向いてしまう！」とパニックになって、本当に自分でハンドルを逆方向にコントロールできなくなってしまう。私の場合も「女の子の気分を下げるような真面目な話をしてはいけない」と相手から愛想を尽かされる危険性をわかっていればいるほど「自分の会話がコントロールできなくて余計なことを話しちゃう！」となっていました。

女の子が興味を失っていけば、余計にパニックになってしまい、自分の言動が自分でコントロールできなくなり、余計なことを喋って相手を黙らせて私は最悪な気分になってしまう。そんな未来が見えていればいるほど「コントロールできない」となって、見えていた最悪な未来が現実になっていました。

自分をコントロールできなくなる

ある方は「職場の上司に対してふてくされた態度を取ってしまったら、上司から攻撃されて仕事が続けられなくなる」という未来がちゃんと見えていました。

「こんな態度を取っちゃいけないんだろうな」とわかっているのに、上司の顔が自分の予測通り曇ってくればくるほどパニックになり、自分の態度がコントロールできなくなって「やっぱり上司がキレて、思っていたことをそのまま言われた！」と最悪な結果になってその職場を辞めたくなってしまいます。

その仕事を辞めてしまったら、次の仕事は給料が下がって待遇も悪くなる、という未来は見えているのに「上司に対しての態度がコントロールできない」となってしまって「あ、自分はこの会社を上司から目の敵にされて辞めるんだろうな」と思っていた未来が、現実になっていました。

未来が見えていると「そうなってはいけない！」ともちろん自分で意識してコントロールしようとします。でも、コントロールしようとしても「未来が見えている」ので「うまくできないかも！」と焦ったりパニックになると、どんどん自分がしちゃいけないことをしてしまう。

もし、未来が見えていなければ、その場で「思っていた不幸が現実になる」と焦ったり、パニックになることがないから、脳は正常に働いて、ちゃんと場の空気を読んで柔軟に対応ができます。それに対して未来が見えてしまうと「脳がパニックを起こしちゃってやってはいけないことをやってしまう」ことになってしまう。

ストレスホルモンの作用

ストレスはその場で適度に感じると「頭がすごく働いていい感じ！」になり、ストレスを与えてくる上司に適切に対応ができました、となる。でも、未来が見えてしまっていて「事前にストレスを感じ続けている」と、いざ、上司が不機嫌になった時、本来だったらストレスを感じて頭が働く場面で「あれ？　頭が全く働かなくなってしまった！」となります。

ストレスで分泌されるホルモンには「頭と体を働かせる」という作用があります。ところが未来が見えてしまって、事前にストレスホルモンが分泌され続けていると「ストレス場面で分泌されなくなった」と逆になり、頭が全く働かなくなってやってはいけないことをやってしまう、という結果になる。

私は「最悪の未来を想定することで、最悪なことが起きた時に対処できる」と本気で信じていました。でも、最悪なことをイメージすればするほど、本当に最悪なことが起きてしまうのは、ストレスホルモンを事前に分泌させすぎてしまって「いざ！」という時にストレスホルモンが分泌されなくなって頭が働かなくなるから。

ストレスホルモンが適切に分泌されずに、見ていた最悪が現実になる。そして「こうなるってわかっていたのに！」と、後になってストレスホルモンが分泌されてしまいものすごい勢いで自分を責め続けて、そして再び肝心な場面で頭も体も動かなくなり、無防備な状態で不幸な未来をそのまま受け止めることになっていたんです。

1-6 いつも憂うつな人の残念な末路

ちっとも成長できない

いつも憂うつだった私の残念なところは「自分には未来が見えるから、人よりも優れている」と思っていたこと。

自分が思っていた通りに不幸が現実になっていたから、本気で未来が見える優れた能力がある、と思っていました。いや、「未来が見える」という確信はその頃は持てなかったけど「自分が予測したことが現実になる」という感覚があったから「他の人よりも優れた能力を持っているはず」と信じていたんです。

でも、未来が見えていても、そうではないみんなからバカにされて蔑まれる。そして、未来を見る能力を使って「相手をギャフンと言わせてやろう！」と相手との未来のやりとりをすればするほど「相手は斜め上を行く！」となってしまって、どうやったって想像していた不幸が現実になる。

「未来を見る力を使って事前にシミュレーションしてうまくいかせよう」とすればするほど、まるで相手がこちらの手の内を知っていたかのように対応してくる。だから、どうやったって自分が想像していた通りの不幸が起きてしまい「やっぱり何をやってもダメだ」となる。

さらに残念なのは「未来を想像しちゃったらうまくいかない」とわかっているのに、未来のことを考えるのがやめられない。それをやっていなければ不幸なことが起きる気がしていたから。でも、よくよく考えてみれば、それをすればするほど、不幸になっていくし、なんの役にも立っていないことはわかっているのにやめられない。

もっと最悪なのは、不幸なことが起きた時に「こうなることがわかっていたのに、自分はどうしてこうしちゃったんだろう？」とものすごい後悔が襲ってくる。不幸な結末になることは未来が見えるから十分にわかっていたのに、自分はそれに対して何一つ対応することができなかった、と自分を責めるしかできなくなる。

「あー、なんであの時にあんな対応をしてしまったんだろう？」と後悔をするのは「未来が見えていたはずなのに」という感覚。「こうなることは十分にわかっていたはずなのに」と一人反省会をして、自分にずっとダメ出しをしてしまう。そんな一人反省会をやって、自分を責め続けても「その教訓が次に生かされない」という残念な結果が。

普通、反省をするのだったら、その反省は次に生かされなければ意味がない。ところが私の場合、反省会をしても「また同じことを繰り返すのはわかっている」という未来が見えてる。そして、私が見た通りの未来になって「やっぱり同じ失敗を繰り返した」となって「自分はちっとも変われない」とものすごく残念な気持ちになってしまう。未来が見えるから「どんな努力をしてもちっとも変われない自分がそこにいる」というのがわかってしまう。それが現実になって、全く何も変われず、ちっとも成長できない。それが私の現実――。

周りの人は、どんどん成長して豊かに変わっていきます。私といえば、未来が見えて、そして、人一倍その不幸から未来を変えるために努力をしているはずなのに、ちっとも良い結果が得られない。自分の努力はすべて裏目、裏目に出てしまって、ますます憂うつな気分になって、先のことを考えるのが止まらず、未来が見えているはずなのにちっとも現実を変えることもできないし、自分自身をどんなに責めて反省しても成長することがないし、何も実績が残せないダメ人間、という認識になってしまう。

「わかっている」のに変わらない

憂うつな私は、親からダメなところを指摘されると「そんなことわかっている！」と言っていました。

そう、たしかに私には親から指摘されることが事前に予測できていたから〝わかっている〟と言ってしまうんです。「お金の管理をちゃんとしないと、将来お金で苦労するわよ」と言われて「そんなことはわかっている！」と断言するのは、実際に貧困状態に陥ってしまう未来が見えるから。

わかっていたら、お金の管理をきちんとして「ちゃんと貯金をしよう」となるはずなのに、それができない。恐る恐る預金通帳をチェックしてみると「あー、親の言っていた通りだった」というよりも「自分が予測していたことがそのまま現実になった」というショックを受けるんです。

自分はどんなに働いても、お金に余裕がなくて、やがて貧困生活を強いられることになる、と。ちょっとでも、無駄遣いをしてしまうと「あー、またやってしまった!」と自分を責める。

責めるということは、無駄遣いをしてしまう自分のことはわかっていたはずなのに、それを止められなかったから。「なんて自分はダメなんだ」と責めても自分は変わらなくて、ちっとも成長せず、自分が見ていた貧困生活が現実になって、ますます憂うつな気分になってしまう。誰よりも「わかっている」と思っているのに、何も現実を変えることができない残念な結末が私の現実でした。

次の章では、「未来が見える」しくみについてお話しします。

第2章

「未来が見える」とはどういうこと？

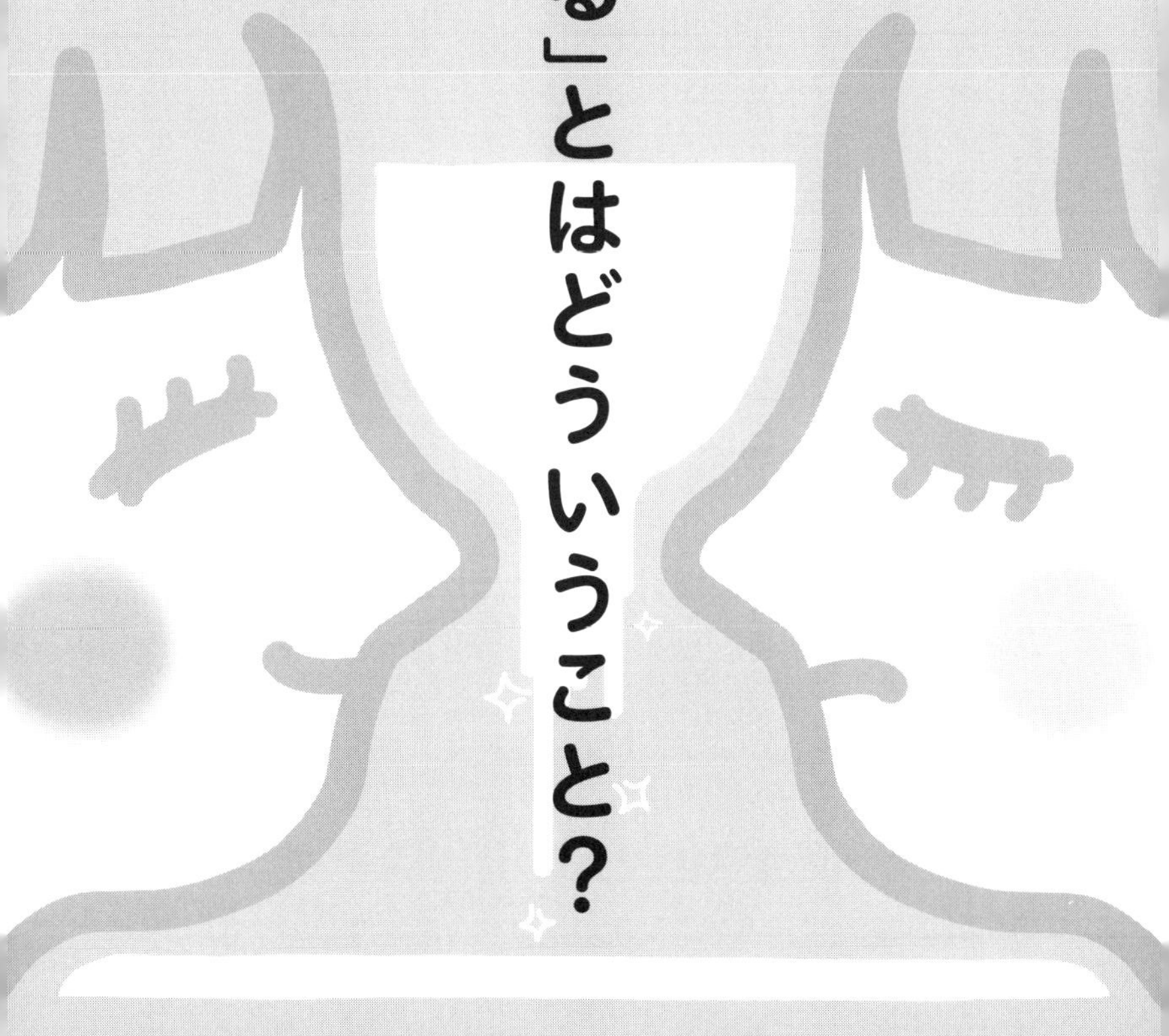

2-1 気がつくといつも「時間がない」

時間は同じはずなのに……

「時間はすべての人に平等」という名言をある先生から教わり、「おー、たしかに」と思ったことがありました。

なぜなら、私はいつも「なんで自分ばかりこんなに不公平な目に遭うんだ」とずっと思っていたから。生まれた環境が経済的に恵まれていたり、知能だって遺伝だから「優秀な家系」に生まれた方がいいに決まっている。背の高さだって、外見の美しさだって「私には何も与えられていないから神様は不公平だ！」と子供の頃からずっと嘆いていました。

でも、「時間だけは平等」と教わった後、気がついたら私は「時間がない、時間がない」

と焦っているんです。周りにいる、自分と同い年の人はいつも余裕を持ってゆったりと過ごしているのに、私だけは、いつも何かに追い立てられているような感覚で「時間がない」と焦っています。

与えられている時間はみんな同じはずなのに「自分がやるべきことがちっともできていない」となって、全てがギリギリになってしまいます。学校に行っていた時は、毎日遅刻ギリギリ。提出物なんかもギリギリで「一生懸命にやっているのに間に合わない！」ということが多かったんです。

自分では「遅刻をしないように早めに家から出た方がいい」とわかっているのにギリギリになってしまい、試験勉強や宿題も「時間がなくていつも間に合わない」となっていました。そして「自分がだらしないから」とか「注意散漫だからちゃんと間に合わせることができない」とずっと思っていて「自分はダメ人間」と自分を責めていました。

あの引力の法則を発見したアイザック・ニュートンの「絶対時間」という概念で「宇宙の端から端まで一様に時間が流れている」という考え方がありますが、その絶対時間の感覚でいくと「あなたが不器用だから時間がなくなる」とか「だらしないからいつも時間が足りなくなる」ということになって、時間の使い方がダメな自分を責め続けなければならなくなってしまう。

その後、19世紀にポール・ジャネというフランスの哲学者が「ジャネの法則」を発案しました。感覚的に記憶される年月の長さは、年少者にはより長く、年長者にはより短く感じられるようになる、というものです。要するに、心理的な時間の長さは年齢に反比例して「歳を取れば取るほど時間が短く感じられる」のです。たとえば60歳の人と10歳では人生における1年の長さが60分の1と10分の1で違います。年齢が高いほど、時間が短く感じられるのです。

新陳代謝と時間の関係

私の場合「将来のことばかり考えている」から「将来を考えない人よりも時間の間隔が短くなっているのか？」ということになります。

最近の研究では、ジャネの法則みたいに「生きてきた長さの比率」ではなくて「新陳代謝が高ければ時間が長く感じられる」というものがあって、高齢になればなるほど「新陳代謝が低下すると時間が短く感じられる」ということになっています。

たしかに、私が交通事故にあった時に、その事故の瞬間って「ものすごい新陳代謝！」になっていたから「時間がまるで止まっているようだ！」という感覚になりました。ジョギングなんかして新陳代謝を上げている時には「まだコースが終わらないよ！」と、とっても時間が長く感じられる。

ここで、「焦っていたり緊張していたら新陳代謝が上がる」という現象があるなら、いつも「時間がない」と焦って緊張している私は新陳代謝が高くて、「焦っていない人よりも時間の感覚が長く感じられるのでは？」と思うわけです。

自分の時間感覚だけの問題なのか

私は以前、「ストレス刺激検査」という面白い実験を実施しました。車のクラクションと同じ大きさの音を聞かせてストレスを与えたら「緊張のホルモンが分泌されて新陳代謝が上がる！」という仮説を証明するためにやってみたんです。

ところが「プァー！」とクラクションのような爆音を聞いたら「あれ？　ストレスホ

ルモンの分泌が下がってしまった！」と逆に新陳代謝が下がってしまった。このことから「あ！　だから時間がなくなるんだ！」ということが見えてきます。

普通の人だったら「ストレス刺激」でストレスホルモンが分泌されて新陳代謝が上がるから「緊張すればするほどテキパキ動ける」となります。逆に下がってしまう人だと「時間がなくなる」という感じであっという間に時間が過ぎてしまうから「あーあ！」となってしまう。

抑うつ的な人にストレス刺激検査をやってもらったら、普通の人とはストレスホルモンの上がり方が違うから「だから時間がない」となって不平等な感覚になってしまうのかな？　と思っていたんです。

私なんて運動会の50m走では「スローモーションのように走っている！」とみんなから馬鹿にされていましたから。普通は「バン！」という鉄砲の合図で緊張のホルモンが分泌されて「おりゃー！」とものすごいスピードで走ることができる。それが私の場合は逆で「緊張のホルモンが出なくて新陳代謝が悪い」となるからスローモーションになっていた。

たしかにそれで私の「時間がない」の説明がある程度つくのかもしれませんが「なぜ、先のことばかり考えちゃうの？」ということはわからないままです。

ストレス刺激に対して、普通の人とは違ったストレスホルモンの動きをする人たちは「時間がない」と悩んでいるのですが、やっぱり私と同じように「先のことを考え過ぎちゃう」と未来のことばかり想定して、思った通りの最悪な結果になる傾向があります。

これってただの「自分の時間の感覚が他の人と違う」だけじゃなくて、実際に自分だけ現実世界が歪んでいるような感覚があるんです。

2-2 現実に起きている時空のゆがみ

時間は縮んだり曲がったりする

ニュートンは「絶対時間」を想定しましたが、アインシュタイン博士はそれを「相対性理論」で打ち崩してしまいました。

アインシュタイン博士は、時間や空間は、単なる枠でも座標でもなくて、それ自身が縮んだり曲がったりする、ということを説きました。アインシュタインによると「運動している物体の時間の流れは遅くなり」、「強い重力を受けるほど、時間の流れは遅くなる」ということです。

「運動している物体の時間の流れ」とは、たとえば、新幹線で東京から博多まで「ビューン！」と旅行をした場合「運動している物体」の中にいるわけですから「時間の流れが遅くなる」となります。実際、ロケットや飛行機に原子時計をつけた場合、時間の進みがごくわずかに遅れることが実験によって証明されています。ハーバード大学の物理学研究室では、地球に近いほど重力が強くなり時間の進みが遅くなることを証明しています。

まあ、そんな時間の歪みが起きると言ったって、時計の誤差ぐらいだから「別に人に影響はまったくないんでしょ！」と思うわけです。光のスピードである秒速30万km（1秒間に地球7回転半）で移動している物体には時間は理論上流れない、とアインシュタインは言っています。ですから、光よりも速い速度で移動することができたら「時間を遡ることができる」という夢のようなことが考えられるのです。

「脳のネットワーク」の存在

そこで「脳のネットワーク」という話が出てきます。人間の脳って無線LANのように「相手からの情報を受け取る」ということができちゃいます。

近くに緊張している人がいると脳のネットワークで自動的に相手からの緊張感が伝

わってきて「私も緊張しちゃう」という現象が起きます。イライラしている人のそばにいると「落ち着かなくなる」というのは、相手がイライラしているというのがわからなくても、脳のネットワークで相手のイライラ感が伝わってきてしまうから。

昔から「虫の知らせ」という言葉があります。なんとなくあの人のことを思うと胸騒ぎがする、その直後に、その人の訃報や災難の知らせが入ったりする現象のことです。10年前にお会いしたきりになっていたクライアントさんが頭に浮かんで「あの方はどうされているかな？」と思ったら「あ！　電話が掛かってきた！」というのがそれですね。

昔は「たまたま」とか「気のせい」や「第六感」のせいにされていたけど、最近では携帯電話やインターネット、そして無線ＬＡＮが誰でも使えるようになって、見えない電波でお互いにやりとりができる、ということが実感できるようになってきました。

そうしたことから「虫の知らせ」もそんな特別なことじゃなくて「脳がお互いに目には見えない電波か何かで通じ合っているから起きること」という可能性が考えられるようになったんです。

重力が歪んで時間に影響している可能性

私が脳のネットワークを考えていて「これはあるかも！」と思ったのは大学生の時でした。心理学の教科書に載っていた双子の研究で、戦後、お互いの存在を知らなかった双子の兄弟が、奥さん、子供、そして犬の名前も一緒。そして、職業、タバコの本数、趣味も同じ。さらには、同じ時期に庭の木の周りに同じようなデザインのベンチを作った、というエピソードからでした。

脳のネットワークを考える時に「脳内で相手の真似をする」というミラーニューロンという細胞が1996年に発見されたことがヒントになります。ミラーニューロンには相手の真似をすればするほど活性化して「相手の脳の状態を真似してしまう」という特徴があります。

一卵性双生児の場合「お互いの遺伝子が共通している」ということがお互いが真似をしているのと同じで、お互いのミラーニューロンが活性化される、ということで脳のネットワークのつながりが強くなり、存在を知らなくても相手の真似をしてしまう。

昔の発明や発見にも「同じ研究をしていた人がほとんど同時期に発見をした！」というのがあります。まだ電話とかインターネットがなかった時代の、電話機や宗教改革など。「相手と同じ研究をしている」というのが「相手の真似をする」ということで、ミラーニューロンが活性化して、脳のネットワークが強力につながって遠く離れた相手と知らないうちに情報のやり取りをしてしまう。

先ほどの「10年前のクライアントさんのことを思い出したら連絡があった！」もお互いの脳のネットワークでつながった、ということ。「そんなの科学的じゃない！」と言われるかもしれませんが、おそらく、無線ＬＡＮの周波数は現代の科学で測定することができても、脳のネットワークのスピードを現代の科学で測れないだけ。現代の科学で測ることができないのだったら「光の速度よりも速い」という可能性があります。

もし、光のスピードよりも速いのであれば、アインシュタインの「時空を超えることができる」ということも考えられちゃうんです。

私たちは「ただ考えているだけ」と軽く捉えていますが、実際は「時空を超えている」というすごいことが頭の中で起きている。憂うつなことを考えれば考えるほど気分が重くなると「実際に重力が人よりも重くのしかかっているのでは？」というぐらいになります。それも、思考によって重力の歪みを作ってしまって、アインシュタインの言った通りに「重力の歪みで時間の進みが遅くなっている」という可能性があるわけです。

だから、ずっと憂うつな気分で幼少期から生きてきた私は「全然成長している感覚がない！」という不思議な感覚がありました。憂うつになればなるほど、時間の進みが遅くなり、精神的な成長が止まってしまう。

そう考えてみると、これまでの私の周りに起きていたいろんな不具合が解明されていきます。

2-3 人は知らぬ間に頭の中でタイムトラベルをしている

10年後の夢を見た話

デジャビュというのは、一度も体験したことがないのに「あれ？　これって体験したことがあるかも？」と錯覚してしまうこと。心理学では「脳が起こす錯覚である」という説明がちゃんとついていて、健常者の三分の二ぐらいの人が同じような体験をしています。

私もこのデジャビュのような体験はたくさんしています。ある時、夢でカウンセリングの場面を見ていて、クライアントさんが「仕事が自分の思うようにできないんです」と話していました。私は話を聞いていて「これまで転職を考えたことはありますか？」と質問をした時に、相手が怒り出した、というところで心臓がバクバクして目が覚めてしまう。

するとある時、カウンセリングの場面で「私は仕事が自分の思うようにできないんです！」という話が出てきて「あ！　これ、夢で見た！」と嬉しくなります。なぜなら、答えを知っているから。「ここで、あれを言ったら怒り出したんだよな！」と自分の中でわかっているから、展開を変えてみると「おー！　見事に憂うつな状態から抜けられた！」とびっくりします。こんなことが結構頻繁にあるので「夢って便利！」と思っていました。

でも、脳のネットワークは時空を超える、ということを考えてみると「時空を超えて未来の自分の脳にアクセスしたから事前に展開がわかった」ということが考えられるんです。

小学生の頃、父親が青いスポーツカーに乗った若者とファミリーレストランの駐車場で喧嘩をして、父親がその脇にあった有刺鉄線に向かって突き飛ばされて怪我をする、という夢を見ました。それから10年後、ファミリーレストランの駐車場で「なんで領収書をちゃんともらってこないんだ！」と父親からいきなり怒鳴りつけられ「ムカムカ！」

と怒りが湧いた時に「あ！　父親の後ろに有刺鉄線が」というのを見つけます。そして、なんとその時に私が乗っていたのは、あの夢に見ていた青いスポーツカーだったんです。「あの夢で父親を突き飛ばして怪我をさせたひどい若者って私だったんだ！」ということが10年経ってからわかって、私はその未来を変えることができちゃった。

これって普通だったら「あんたの錯覚よ！」と笑われてしまいますが「脳のネットワークは時空を超える」ということを考えた時に「未来の自分の脳に時空を超えてアクセスしたのかも？」と思えるんです。

未来の相手とつながってしまう

問題は「未来にアクセスできるのだったら、なんで未来のことを考えても自分の都合のいいようになっていかないの？」ということです。頭の中でタイムトラベルができるのだったら「未来の展開も変えられるでしょ！」と思うのは当たり前。

これについて私は面白い体験をたくさんしています。子供の頃にいじめられっ子だった私は、頭の中で「次にいじめっ子にあったらこうしてやる！」と未来の復讐の方法をたくさん考えます。「私がこう言ったら、相手がこう答える」というような感じで、シミュレーションするわけです。そして「これだったら大丈夫!」で自信を持って次の日に学校に行くと「いじめっ子が斜め上を行った!」という不思議な現象が起きます。まるで、私の手の内を知っていたかのように、相手は対策を取っていて「全然思った通りにいかず、10倍返しにされた!」という体験をしました。

またある時は、不良品の家電を購入してしまった時に、電話をかける前に頭の中でカスタマーセンターとのやり取りをします。すると「見事にカスタマーサービスの人間が斜め上を行っていて、私をさらに不快にさせた〜!」という興味深い展開もあります。まるで、私が頭の中でやっていたことを知っていたような感じ。要するに、私は「ただ相手とのやり取りをシミュレーションしているだけ」と思っているんですが、実際は脳のネットワークで時空を超えて相手とやり取りをしてしまっています。

未来を知ってしまうと「未来が変わる」となるのがSF小説の定番ですね。未来を知るだけで、未来の展開が変わってしまう。そのためこんな笑い話もあります。試験前に「未来のことを考えていたらいい点数を取ったイメージが出てきた!」となります。そんな私が「あれ？　全然勉強をする気にならない！」のは「いい点数が取れる」とわかってしまったから。そして、未来がわかることで、未来が変わってしまい、テストの当日に「あれ？　全然予想していた問題とは違う問題が出た！」とショックを受けて「私の人生は何一つうまくいかない！」と憂うつな気分になってしまったんです。

ですから、脳のネットワークは時空を超えていて、私たちがそれを知らないで、未来のことを考えた時点で「未来が変わる」となるから「自分の思うようにはいかない」と全て裏目に出てしまう、というのを私はこれまで散々体験してきました。

「ただちょっと先のことを考えているだけじゃない！」と私は軽い気持ちでやっていて、それが未来に影響しているなんて想像もしていませんでした。でも、脳のネットワークは時空を超える、ということがわかってくると「うわー！　自分は未来にタイムスリップして勝手に未来を変えてしまっていたんだ！」という恐ろしいことがわかってくるんです。

2-4 タイムトラベル中の頭の中はどうなっているのか

ものすごいスピードで嫌なことを考えている

昔「バック・トゥ・ザ・フューチャー」というタイムマシーンを題材にした大ヒット映画がありました。この映画に登場するタイムマシーンは、車に大量の電気を発生させる機材を積み込んで、時速140kmに達した時に1・21ギガワット（100万KW）の電流を発生させると「タイムトラベルができちゃう！」という物でした。

まあ、SFですから「そんなことはありえない」となるわけですが、脳の中はそんなことを簡単にこなしてしまう。憂うつな気分になっている時は「脳にストレスが帯電している」から、大量の電気が発生しています。そして、不快なことを物凄いスピードで次から次へと考えて「嫌な考えが止まらない！」と頭が高速回転をしてしまう。すると「ビビビッ！」

と思考がタイムトラベルをして「あ！　未来の自分の脳とつながって未来の自分の姿を見ている」という状態になってしまうわけです。

本人は「脳内の思考を未来に飛ばして未来の自分の脳につながって未来を見ている」なんて思いもしません。軽い気持ちで「嫌なことを考えていたら先のことを考えるのが止まらなくなってしまった」となっているだけ。自分の思考が未来にタイムトラベルしていて、そして未来を知ることでどんどん未来が変わってしまっている、なんて思いもしないわけです。

引きこもっているのに息切れする理由

私がカウンセリングをしていて「あれ？　憂うつになっている方って実際にタイムトラベルをしているかも？」と思ったのは「将来のことばかり考えているとものすごく疲れ切ってしまう」という現象からでした。

未来のことばかり考えて憂うつになっている人って「老けないな」という感じで、他の同じ年齢の人と比べると、いい言い方をすれば「若々しい」という印象があるんです。

私の場合は、先のことばかり考えて、脳内でタイムトラベルをしていたら「ちっとも精神的に成長しないや！」となっていました。脳内で時空を超えてタイムトラベルをしているので「時の進む速度が他の人よりも遥かに遅い」となり、ちっとも成長しない、となってしまう。若々しい、と言えば聞こえはいいけど、私の場合は、幼稚園ぐらいから「先のことを考える」というタイムトラベルを続けているから「精神的な年齢は幼稚園時」の感覚があるんです。

先のことを考えてしまう憂うつな人の特徴が「私と同じだ」ということから「やっぱりこの方達も自覚なくしてタイムトラベルをしている」ということがわかるんです。そして、先のことを考えて、さまざまなシミュレーションをしていると「ものすごく疲弊する」というのは、タイムトラベルをしている時に、ものすごい思考のスピードが必要になって、そしてエネルギーも消費してしまうから。何もしていなくて、家でただ引きこもって考えているだけなのに「ゼーゼー」と息絶え絶えの状態になって「前向きになるエネルギーが少しも残っていない」となってしまう。

何もしない完璧主義者

もっと興味深いのは、私もそうだったのですが「何も成し遂げていないのに、ものすごい成功者と比較して悲観している」という不思議な状態です。

私は、自分のことを「何もしない完璧主義者」と呼んでいました。ちっとも努力しないくせに、すごい成功者と比較して「自分はダメだ」と思っていたり「なんであの人ばっかり！」という感じで嫉妬をしている。

私の場合、まるで自分が一度成功したような勘違いをしている感覚。それは、脳内でタイムトラベルをして未来の成功の体験を未来の自分の脳とつながって体験しているから。そして問題は「現在の自分が未来のことを知れば、未来が変わってしまう」という最悪なことが起きるということ。だから「何も変わっていない！」と私は頻繁に嘆いていました。

今考えてみれば「え？　何を基準に変わっていない、と思うの？」と自分に質問をしてみたい。それは、未来の素晴らしい成功を収めた自分と比較して、ということだったんです。

でも、私が「あ！　未来のことを知ったら未来が変わってしまうんだ！」と実感したのはテストを受けた時。「いい点が取れて合格をする」と未来を知って思ってしまったら「ちっとも勉強をする気になれない」となっていた。

子供の頃からそうで、成績はいつも最悪なのに「なんとかなるや」と直前になっても努力ができなくなる。これは、自分がタイムトラベルをして「未来のなんとかなってしまった自分」を見てしまったから。

「うわー！　テスト勉強をしなければやばい！」と焦って脳にストレスが帯電した状態で「勉強しなかったらどうなる？」と自分を奮起させるために色々不幸なことを考え続けていたら、ある時に「チーン」と何も努力ができなくなってしまう。それは不幸なことを考えて現実の自分が努力をして、未来が変わった自分の姿を見てしまったから。だから「なんとかなるさ～」という投げやりな感じになってしまう。

憂うつな気分でストレスを脳に帯電して、不幸な未来の思考の高速回転をするからタイムトラベルを知らず知らずのうちに体験して「成功の未来」につなげることができるけど、未来を知ってしまったら、未来は変わる。そして、私は、ずっと「いつも最悪な結果にしかならない」という感じで「私はちっとも変わらない」と嘆いていた。憂うつな気分でストレスを帯電した大量の電気による思考の高速回転でタイムトラベルして、未来の自分の脳とつながり未来を体験してきたことも知らないで。

そして、タイムトラベルを何度も繰り返してしまって、エネルギーを使い果たして、ますます最悪の未来を作り出していたのです。

2-5 「現在のあなた」は未来がつくっている

最悪な状況でも自信を持てたのはなぜか

子供の頃を振り返ってみると「よくあの状況で生き残ってこれたな」と自分でも感心することがあります。貧乏でみんなから馬鹿にされて、そして勉強もまったくできずに「夢も希望もない状態」でした。毎日のように学校でいじめに遭っていて、泣いて帰ってくると両親から蹴飛ばされたり殴られたりしてさらに絶望的な状況に。

そんな状況だったから「自分なんていなくなった方が」と何度も思ったことがあったけど、両親に「死んだら地獄に落ちる」と脅されていたので「死んで永遠の業火で焼かれる地獄は嫌だ」とそれを選択することもできなかった。

でも、振り返ってみると「あんなに悲惨な状況だったのに、なぜか根拠のない自信があったな」と思うんです。

いつも「現在」が悲惨で惨めだったので「先のことばかり考えて逃げてしまう」というダメ人間でした。そして、先のことを考えても絶望的なことしか浮かんでこないのに、未来のことを考え続けていたあの自信はなんだったんだろう？　だって、現在も悲惨で未来も惨めで怒りに満ち満ちたことしか浮かんでこないのだったら、普通だったら考えるのをやめるはず。でも、根拠のない自信があって、常に未来のことを考えてしまっていた。

こんな風に振り返ってみると「あ！　あの根拠のない自信って、今の自分である『未来の私』が影響しているんだ」ということが見えてきます。

過去の自分にアプローチしている

未来の自分である私が「あの頃の幼い自分はよく生きてきたな」と振り返ってみると、それが脳のネットワークで過去の幼い自分につながって「もしかして僕ってすごいのかも」という感覚になる。自分の人生はずっと惨めだった、と思っていたけど、こうして過去を振り返ってみて自分のことを「大変な中で本当によく頑張って生きてきた」と今の自分が認めてあげると、過去の時間軸にいる自分たちの存在の意味が変わってくるようになる。

未来の私のために苦しい思いをして、そして今の私のために苦しみを耐え抜いてくれた。そんな風に過去の自分を認めてみると、時空を超える脳のネットワークで今の私の気持ちは過去の自分へとつながり、過去の自分が自尊心を取り戻していく。そして、過去の自分が自尊心を取り戻していくと、今の自分のあり方がまた一つ変わってくる。

自信も自尊心も何もなく、人から嘲笑と汚物を投げつけられて生きてきた、と私はずっと思っていましたが、今の自分が「過去の自分を認めて尊重してあげる」ということをすると、今の私の思考がタイムトラベルをして「みんなから馬鹿にされて誰からも認められない」と思っていた過去の自分自身の脳につながって自尊心を与え過去が変わっていく。

普通の人が「過去の自分を認めてあげることで、自分自身の捉え方が変わるだけ」と思ってしまうのは、脳のネットワークが時空を超えて過去の自分の脳にアプローチをすることができることを知らないから。未来の自分が過去の自分を認めることで、過去が変わって、そして現在の自分もパワーアップしていく。これは実感としてわかるんです。なぜなら、私はずっと「なんであの時にあんなことを言っちゃったんだろう？」とか「あんなことをしちゃったんだろう？」と後悔しかしてこなかったから。

脳のネットワークが時空を超えるのであれば、過去の自分に目を向けて「あの時の自分よ！　なんであんなことをしちゃったの？」とダメ出しをすれば、その思考がタイムトラベルをして過去の自分の脳内にダメ出しをしてしまうことになる。「自分で自分にダメ出しをしている」ということではなくて、未来の自分が過去を振り返ってダメ出しをしていた。そして、ダメ出しされた過去の自分は未来を変えることなく、変わらない惨めな時間軸を繰り返すことになる。

そこで、未来の自分が過去の自分を許し認めてあげた時に、過去の自分はそこから立ち上がり、負のループの時間軸から抜け出すことができて、未来が変わっていく。

そう考えると現在の自分が過去の自分の歴史を作っていて、そしてその延長線上の現在の自分を作っていることになる。脳のネットワークが時空を超えてタイムトラベルをする、という見方をすると、現在の自分によって自分の歴史を変えることができて、今の私を作っていることになるんです。

心の傷が癒えると容姿も変わる

これが実感できたのも、カウンセリングの仕事をするようになってから。心の傷がある人は「自分のことが嫌い」と過去の自分のことを認めてあげることができないし、受け止めてあげることなんか「絶対に無理！」となってしまいます。

そんな人の心の傷をカウンセリングで治療をしているうちに「あ！　自分ってあんな大変な体験の中でこれまでよく生きてきた！」と認めてあげることができるようになった瞬間に「心の傷を持っていらっしゃった方の容姿が変わった！」と、姿が変わるのを目撃することができました。

これまでは「脳のネットワークでタイムトラベルをして過去の自分が変わる」という概念がなかったから「心の傷ってすごい影響があるんだな」としか思っていませんでした。でも、現在の自分が過去の自分を認めて受け入れてあげることで、過去の自分は自分にダメ出しをする負のループから抜け出すことができるようになり、未来が変わる。自分にダメ出しをしていたら、体に炎症物質が発生してしまうから「身体がボロボロになる」となってしまうんです。

ところが自分を責めないで受け入れると、炎症物質が発生しなくなるから「あ！　顔が輝いて美しくなる！」とその瞬間に変わる。それは、その場だけじゃなくて過去からの蓄積が変わるから。そう、未来の自分が「現在」のあなたを作っているんです。

2-6 憂うつ気分がもたらす記憶の「重さ」

ブラックホールのような思考

私は子供の頃から「ものすごく反省して落ち込む」ことがよくありました。失敗したら「ガーン！」とショックを受けてしまって「この世の終わり」的な感覚になっていました。でも、興味深いことに反省しても同じ失敗を繰り返していたから、親からは「あんたは反省したって口ばっかり」とか「その時だけ」と嫌味を言われていたんです。

たしかに、あんなに反省して後悔したのに、喉元過ぎれば熱さ忘れる、という感じで「また、同じ失敗を繰り返している」と自分でも呆れてしまいます。そうならないように、事前にいろいろ考えるのですが、失敗から学べない。これって不思議だな、とずっと疑問に思っていました。

でも、この「未来が見える」というテーマで、タイムトラベルの原理を考えていたら「なるほど！」となるんです。

アインシュタインは「重力が重くなればなるほど時間の進みが遅くなる」ということを言っていました。失敗した時の私の思考って「光を全て吸い込むブラックホールのようだ」と思ったほど、夢も希望の光も全く見えなくなってしまう。要するに私の脳内では、憂うつ状態になって思考に重さがあり、ブラックホール級になってしまっている。するとと「時間の進みが遅くなる」という感じで全ての動きや思考が停止した状態になってしまう。

たしかに、憂うつ状態で何もしないままあっという間に時間が過ぎ去っている。そして、私は全く何も学習していない浦島太郎状態になっている。思考自体に重さがあるなら「夢も希望も暗黒の世界に吸い込まれていく」という状態は、ものすごい重力の質量があって時空を歪めている。時空が歪むことで、抑うつ状態を幼少期からずっと繰り返していた私の頭の中は幼少期の何も学習がなされないまま、ここまできてしまっている、となっている可能性があるんです。

さらに、憂うつ状態で思考の中にブラックホールを作って、全ての希望を吸い込んでしまう過程で、時空の歪みが生じて「先のことばかり考えてしまう」という現象が起きてしまう。私は「未来のことを考えて逃げている」と思っていたのですが、未来も最悪な想定しかできないので「逃げているにしてはおかしいよな」とずっと思っていたんです。

夢や希望に満ち溢れている未来だったら「逃げる」という感覚がわかるのですが、私の場合は「最悪な未来しか想定できない」となっていました。

これは、頭の中に憂うつのブラックホールができることで、頭の中の時間は止まって、現実を見る時に思考が高速回転をして「未来に飛んでしまう」という、完全に時空が歪んだ状態。憂うつのブラックホールで時間が歪められてしまって私は常に未来に飛んでしまい「今を生きることができない」という不便な状態になっていたんです。

ですから、私は自分が未来のことを好き好んで想定して、先に起こるトラブルに気持ち的に備えている、と思っていたのですが、それは違っていて、ただ憂うつ気分の重力のせいで時空が歪められてしまって、勝手に未来に飛ばされているだけ。いろんな人から「今を生きる」というありがたいお言葉をいただいても「自分にはちっともそれができないで先の不幸ばかり考えてしまう」というのは、重力で時間が歪んでしまっていたから。だから、余計に過去の経験を活かせずに同じ失敗、過ちを繰り返してしまう。そのループから抜け出せなくなっていたのは、憂うつな気分の重力の質量のせいだったんです。

憂うつな人は同じ話をしてしまう

カウンセリングなどでも「同じ苦しみの話を何度もする」という現象があります。おそらく普通の人が何度もする話を聞いていたら「一回話を聞いたらわかるって！」となるわけです。そして「もういい加減にしたら！」と怒り出してしまうのは「話してもちっとも負のループから抜け出せていないじゃないか！」と思ってしまうから。専門家がみると「あれ？　この人記憶が飛んでしまっているのかな？」と疑うわけです。一度話したことと同じことを同じように話している、となっているから。

でも、話をしている憂うつ気分の方は「初めて話しているよう」となってしまうのは、憂うつ気分の思考の質量のせいで時間が止まっているから。これって、ある人がライフイベントで「最高の経験をした」という時でも、そのイベント記憶の質量が他の思考よりもかなり重くなるから「時間が歪む」という現象が起きて「同じ自慢話をまた初めて話したように話しているよ！」ということになるんです。過去に「話をした」という経験からの学習がなくなってしまう。

同様に、ご高齢者で「自分は長年生きてきた」という「人生の重みと経験値」というのがやはり思考の質量的に重くなると「同じ話を何度もする」という感じで、頭の中の時間が止まる、ということで過去からの学習が止まってしまう。新しいことを学習することが難しくなって、常に「お迎えが来たら」と未来のことばかり考えてしまうようになったりするんです。

COLUMN 1

過去ばかり見てしまう人

過去ばかり見てしまう人がいますね。「昔はよかった！」とか「昭和の時代は平和だった」などと現代と比較して、現代を悲観して過去のことばかり振り返る人。

これは、年齢を重ねるごとに10代から30代の楽しかった思い出を懐かしむようになる、という「レミニセンス・バンプ」の影響だったりします。ですから、40代後半になったら「あ、同窓会に行ってみたいな」と思ったり「昔の会社の仲間はどうしているのかな？」と過去のことを振り返って、その時の楽しかった思い出に浸ってしまう。

過去ばかり見てしまう人のもう一つの原因として「歳を取るにつれて、嫌なことよりも、楽しかったことを多く覚えている」という「ポジティビティ効果」というのがあります。

興味深いのは、歳を取れば取るほど、過去の嫌だった記憶が美化されていく、という現象があって、学生時代は「あいつ嫌な教師だな！」と思っていたのが、いつのまにか記憶が変わってしまって「あの先生の指導のおかげで今の私がある」とおかしなことを言ったりするのは、これが原因しています。

そうなると、今よりも過去の方が美化されていたり、よい出来事が思い出されたりするから「あの頃は良かった」というような感じで過去ばかり見てしまうことになるんです。

もちろん、これも憂うつ気分で重力の歪みが関係していると考えられます。現在と将来に希望が持てないと、憂うつ気分で思考内にブラックホールが生じてしまうから「時間の歪み」ができて「過去にタイムスリップしてしまう」となる。時が止まって、過去にしか生きられないような感じになり、実際に頭の中で時が止まって、そこから抜け出せなくなってしまうんです。

第3章

自分の未来は変えられる

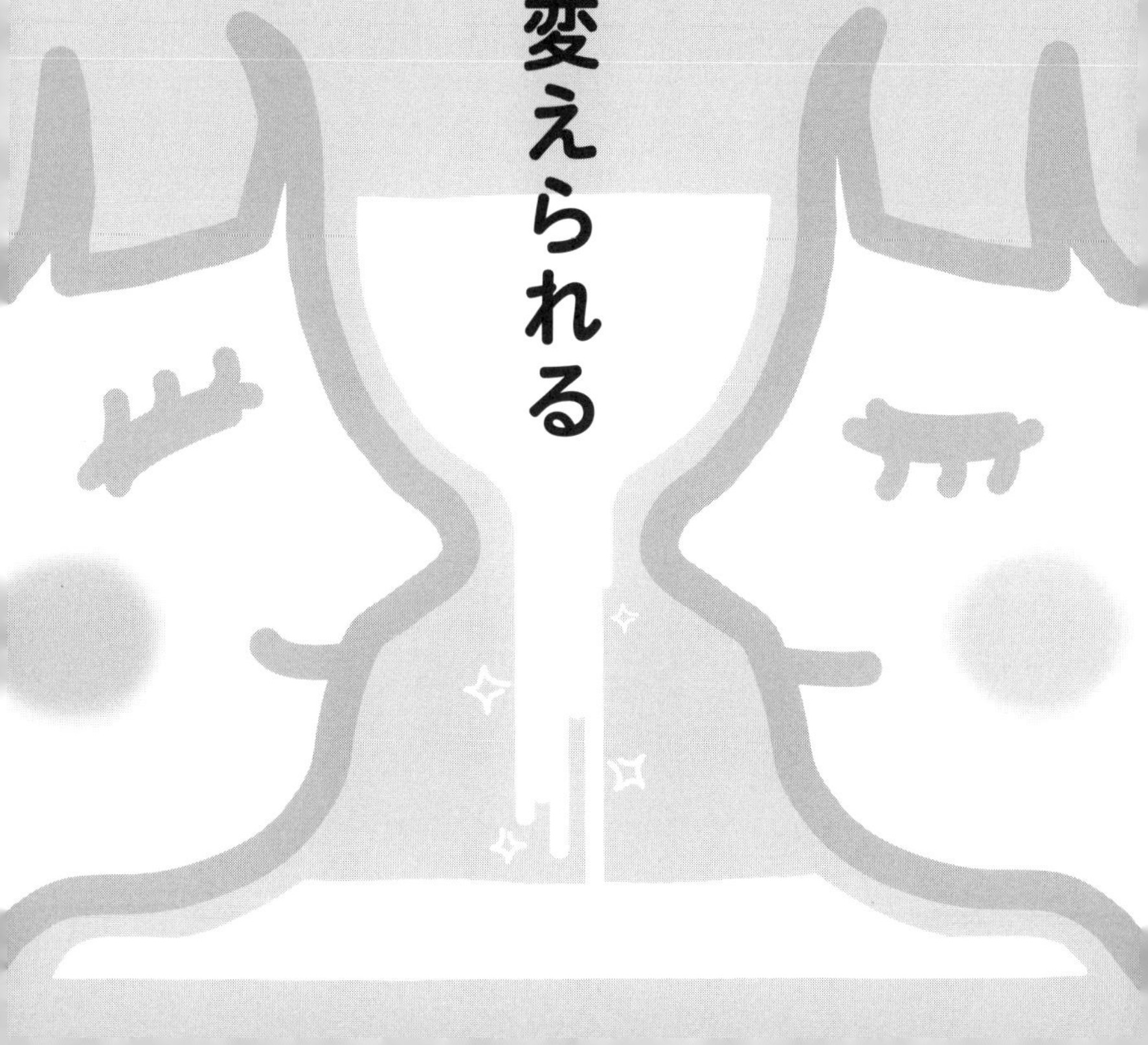

3-1 「憂うつ」を「悟り」に変える

憂うつを活かす

私が子供の頃からやってきたことは、「憂うつ」になることで、自分だけが重力が重くなって時間の進みが遅くなる。ブラックホールのような憂うつな気分は重力が重くて「時間が止まる」となってしまう。だから私だけ時間が止まって「ほかの人よりも精神的な成長が無い」となっていました。

私はほかの子と違っている自分に悩み苦しむことで、脳にストレスの電気が溜まり、そして思考が高速回転して「未来に時間旅行をする」をしてしまいます。自分では「時間旅行をしている」という自覚は全くなくて「ただ将来のことを考えているだけ」と思っていましたが、脳は無線ＬＡＮのように人とつながり、そして私は時空を超えて未来の自分の脳につながって未来の体験をしてしまいます。未来を想像した時に、私は「夢」とか「希望」を感じることができます。

でも、未来を知ってしまった時点で「未来が変わる」となり、自分が理想としていた未来が「一つも自分の思い通りにいかない！」となってしまう。私は「みんなから好かれて尊敬される未来」を夢見ていたのに、その未来を考えるだけで時間旅行をするから、未来を知ってしまい、私の未来は変わり、「みんなからいじめられて馬鹿にされる」という悪夢の現実になってしまう。

現実の世界でいじめられて馬鹿にされると、私はさらに憂うつな気分になり、ブラックホールのような状態で時間が止まって精神的に成長できなくなり、未来のことばかり考えて脳内で時間旅行をするから「どんどん私の現実が悪夢の状態になってしまう」となっていたんです。

私が憂うつになればなるほど、精神的な時間が止まり、さらに時間旅行をして現実を変えてしまう。でも、この憂うつ気分をうまく活かして「悟り」に変えることができるんです。「悟り」ってすごい言葉ですが、単純に「知らなかったことを知ること、気づくこと」なんです。

悟れば悟るほど楽しくなる

私たちは「先のことを考えて憂うつな気分になる」と思っていますが、これは「ただ自分の頭の中で考えているだけ」だから「意味のない無駄なことをやっている」と思っています。そして「先のことを考えれば考えるほど、お先真っ暗で現実の世界でうまくいかない」となってしまうことがありますが、「時間旅行をして先のことを悟っている」となったら話が違ってきます。だって、誰も知らない「未来のこと」が考えを巡らすだけでわかるんですから。

憂うつな気分になって先のことばかり考えちゃう、というのが「時間旅行をしている」となったら「悟りの人」になることができちゃう。時間旅行をして悟りの人になったら「いくらでも現実を変えられちゃう！」となるから、さらに悟りが開けちゃう。

たとえば私の場合だったら「これから車で旅行に行く」と思ったら、自動的に「人の車にぶつけてしまったらどうしよう？」という先の不安が出てきてしまいます。「ぶつけた相手が厄介な人だったらどうしよう？」と事故を起こした相手とのやりとりを想像して、一人で怒って、そして「なんで自分はこんなことを考えなきゃいけないんだ」と憂うつな気分になって「旅行に行くのは嫌だな」になっていました。

そこで、この「憂うつ」の枠組みを「悟り」と変えてみると、「あ！ 私は時間旅行をして未来に起きることを事前に知ることができている」になるわけです。未来を知ることで「未来は変わる」となります。

だから憂うつが「悟り」になると無敵状態になるわけです。なぜなら、未来を知っているから、私は同じ轍は踏まなくなる。一般的な悟りのイメージって「未来を知ってしまったから定めとしてその未来を甘んじて受け入れる」という感じですよね。だから、悟りを開いたから、これからすべての困難を受け入れてもいいと。

そして「その生き方もかっこいい」と思った時に、自動的に「未来が変わってしまって、どんどん楽しい方向に進んでいる」となっていくのは、人間には自動的に危機回避行動をする性質があるから。自分で自分を傷つけようとしても「あれ？ 自分を傷つけることができない」となるのは、無意識という生命維持装置が人間に備わっているから。未来のことを知ってしまって「悟り」でその未来を甘んじて受け入れようとしても「無意識に危険を回避」という感じになるから、自動的に未来が変わって幸せになってしまう。ですから「憂うつな現実を甘んじて受け入れよう」と悟れば悟るほど「あれ？　憂うつな気分になれなくなってしまった」と現実が楽しくなってきてしまう。

3-2 わかりきっている未来を受け止める

高層ビルの平均台を想像してみる

多くの人はたぶん「悟り」で「憂うつな未来を甘んじて受け入れよう」とするのはどうしても抵抗がある、と思うわけです。だから未来を知っていたら「自分の力で変えればいいじゃない！」と考えるのは普通のことなのかもしれません。

でも、人間って、とっても不思議なんです。たとえば、小学校の体育の授業で使った平均台があって、それを使ったことがない人がそこに乗って「足を踏み外したら落ちる」ということがわかっているとします。わかっていて「落ちないようにしなければ」と意識すればするほど「身体のバランスが取れなくなる」という感じで「おっとっと！」とバランスを崩して平均台から落ちてしまいます。「私はそんな平均台なんか軽く渡れる」

という人でも、同じ幅の平均台がもし二つの高層ビルに架かっていてそれを渡ることになったら、と想像しただけでも股がスーッとしますよね。小学校の体育館では簡単に渡れたとしても、ビルの上では「キャ〜！」となって平均台にしがみついて渡れなくなってしまう。体育館では「落ちなきゃいいじゃない！」と軽く言えていたことが、ビルの上だと「渡るのは無理！」となってしまうのが現実。

未来の不幸を知って憂うつになってしまうのを止めるのは、平均台と一緒で、「危ないってわかっているのだったら、落ちなければいいじゃない！」と同じこと。「落ちないようにしよう」と気をつければ気をつけるほど、恐怖が自分の中で膨らみ、体のバランスが取れなくなり「キャ〜！」となって悪夢が現実になってしまいます。

確信を持って悟る

一方、未来を見てしまった憂うつを「悟り」としてみると、「私はここで足を踏み外して落ちる」を現実として受け止めてしまえば「わかりきっていることはできない！」になるから不思議。逆に「あれ？　どこで踏み外せばよかったんだっけ？」とビルを渡りきった状態で考えてしまう感じになる。

人には「わかりきっていることはやらない」という面白い性質があります。未来を知る能力を認めて、先のことを考えてしまって憂うつな気分になることが「悟り」であることを受け入れると「わかりきっていることはやらない」になるから「あれ？　私の未来が変わってしまった」となる。憂うつな気分が未来を知る力、とは信じられなくて「落ちるのか落ちないのかどっちなんだろう？」と確信が持てない場合は「悟り」ではなくなるので「あーあ、わかっていたのに落ちちゃった」になってしまう。

先のことを考えて憂うつな気分になった時に「それは起きること」と悟ってしまうと「あれ？　落ちない」となる。悟って確信を持った時に「わかりきったことはやらない」になるから、未来が変わる。

でも、人が自分の考えていることで「悟る」というのは難しいものです。なぜなら「もしかしたら自分が想像したこととは違っているかもしれない」と希望を持ってしまうから。もしかしたら憂うつな気分になるような未来にならないかもしれない、と思ってしまうのは「先のことを考えるだけで時間旅行をしている」とは誰も思わないから。

だから「嫌な予感がする」と思いながらも、自分の中で「悟る」ことができず、迷っているうちに「あーあ、思った通りになってしまった」というのは私がこれまでさんざん体験してきたことです。「そっちの方向に進んだら危ない（ダメ）！」とわかりきっている方向にハンドルをきってしまう。

言動を何パターンも変えてみる

学生時代に「このまま勉強をしなかったら赤点を取る」と憂うつな気分になっているのに、そんな時に悟らずに「もしかしたら、勉強をしなくても奇跡的にいい点数が取れるかもしれない」と希望を持ち、自分の憂うつな気分を打ち消してしまって「あーあ、思った通り赤点を取って悪夢が現実になった」ということを繰り返していました。

本当だったらわかりきっていたはずなのに、自分の未来を知る力を否定して失敗を繰り返してしまっていた。憂うつな気分で考えたことが現実である、と悟ればよかったのですが、私にはそれができずに、迷っているうちにわかりきっていた失敗をまた繰り返して憂うつな気分から抜け出すことができなくなっていました。どうしても「その不幸な未来は避けられるかもしれない」と希望的観測を頭の中で作り出してしまって「悟り」を邪魔してしまうんです。

でも、この希望的観測自体も、時間旅行をして未来を見ているからできる技なんです。「悟り」で不幸な未来が変わった自分の姿を見てしまう。だけど、それをすることで「未来が変わる」となるから、最初に見た憂うつな未来が現実になってしまう。たぶん、人から「悟りなさい」と言われても「私には無理！」と思ってしまうのは、どうしても「未来を自分の力でいい方向に変えたい」と思ってしまうから。

それだったら、脳内の時間旅行で「不幸な未来を自分の力で変える」という方法を使ってしまえばいいんだ、ということになります。

その方法は、憂うつな気分で先のことを考えている時に、自分の言動を何パターンも変えてみればいいのです。イメージの中で自分の言動を変えるたびに、自分の未来が変わっていきます。そして、自分の未来だけじゃなくて他人の未来も変わっていくから、とっても面白い。

自分の未来が自分の言動で変わった、ということはちょっと変化がわかりにくいかもしれないので次のページからは「時間旅行を使って他人の未来から変えてみよう!」という方法を紹介していきます。

3-3 他人の未来から変えていく

1 上司の場合

嫌味を言われ、怒られる

出勤日の前日になると「あーあ、あの上司の顔を見るのが嫌だな」と憂うつな気分になってしまいます。

上司は、私の態度や発言にイラッとして「なんであなたは私が伝えたことがちゃんとできないの！」と嫌味を言います。嫌味を言われても、また以前上司から注意された失敗を繰り返してしまって「あーあ、また怒られる」と思ったら思考も身体も固まってしまいます。上司の前で固まってしまうと「なんであんたは同じ失敗をしたのにふてくされているの？」と怒られてしまう。怒られればさらに固まって上司の顔を見ることが怖くなって、上司を「私のことをバカにしているだろ！」とさらに怒らせてしまいます。

そんなことが頭に浮かんできて「仕事をするといつもこのパターンだ」と憂うつな気分になってしまいます。そして、職場に行くと、上司は自分が想像していた通りの反応をして、私に嫌味を言ってきて、私は固まってしまい、さらに上司を怒らせて、という悪夢が現実になるのです。この現実は変わらず、自分が転職をするしか選択肢がなくなり、転職先でも「また同じパターンだよ」と、私の憂うつな現実がいつまでもつきまとってきます。

上司には自信がなかった

そこで、憂うつな気分で時間旅行をする力を使って、上司の未来を変えてみましょう！

出勤日の前日に「あーあ、あの上司と会うのが嫌だな」と憂うつな気分になって時間旅行をしているから「上司の未来を変えちゃおう」とイメージの中で上司への対応方法を変えちゃいます。

とりあえず、イメージの中で上司に「いつもご迷惑をかけて申し訳ありません」と謝ってみます。すると上司は「あなた、本当にわかっているの？」とそこからお小言が始まり「あーあ、ちっとも上司は変わらないや」となります。上司の未来を変える、ということは、イメージの中で上司の気持ちになってみる、ということです。

これまで「私は上司に嫌われている」と思っていたから「上司の気持ちを考えるのが怖い」と考えることをしてきませんでした。でも「上司の未来を変えるため」と思ったらちょっと勇気が湧いてきて、上司の立場になってみます。

上司の気持ちになってみたら「あれ？　この人って偉そうに見えるけど自信がないんだ」ということがわかってきます。やがて、自信がない上司に対して、私が怖がって「怖い上司に怒られるから何も聞けない！」と避けていたのが「こいつは自分勝手に仕事をやっていて私のことをバカにしている」と思われていたんだ！　ということが見えてきます。そこから「上司に報告、連絡、相談！」を徹底的にすればこの上司は変わるかも、と時間旅行をして気がつきます。

そして、イメージの中で「この前ご指導していただいた仕事の件は」と報告をすると上司は嬉しそうな顔をして自信を取り戻していきます。さらに、自分では答えがわかっている仕事でも「これはどうしたらよろしいでしょうか？」と相談しに行くと、上司は嬉しそうに教えてくれます。こうして上司はますます自信を取り戻して、元気になっていきます。仕事の途中経過を連絡すると、上司はちゃんと途中経過を聞いて安心して仕事を任せてくれて、自分も「あ！　こうやれば上司が変わって行く」と楽しくなっていきます。

次の日に「さあ！　報告、連絡、相談」を上司にしようと思ったら「あれ？　上司の様子がいつもと違う！」とあのイライラした感じがなくなって、自分も上司の前で固まらなくなります。上司が自信を取り戻している感じでどっしりとしている、となってびっくりします。上司が変わってしまったので「あ！　報告がしやすくなった」と気軽に仕事の報告ができるようになって、それまでと違って上司も仕事のことで冗談を言うように変わっていました。

こうなってから、相談をすると「ものすごく親身になって答えてくれる」という感じで、自分ではわかりきったことを質問している、と思っていたことが違っていて「おー、本当に勉強になる！」という感じに上司が変わっていたんです。時間旅行で上司の未来を変えるって、面白いな、と上司の変化のおかげで自分の未来まで変わっていくのです。

上司が反省するように変わった

ある女性は「上司から無視をされる」ので出勤日の前日には憂うつな気分になり「あー あ、また挨拶をしたら無視をされて嫌な気分になるんだろうな」と、気がついたら職場のことを想像していました。

女性が職場で仕事が効率的に進むようにと思って意見を上司に伝えても、無視されてしまいます。上司は仕事ができない同僚ばかり可愛がり、そんな同僚をどんどん出世させてしまいます。「この上司の下で働いていたら、このまま何も変わらずに終わってしまう」と憂うつな気分になるのですが、転職してもまた同じ状況になってしまいそうで怖くてなにも動き出すことができず、時間だけが過ぎてしまっていたんです。

そのため「え？　上司の未来を変えられるの？」と女性は興味を示します。そして上司のことを考えて憂うつな気分になった時に「上司の未来を変えてしまおう」と上司の気持ちになってみます。上司の気持ちになってみたら「あれ？　私のことを鬱陶しいと思って嫌っているのではなくて、脅威に感じているんだ」ということがわかってきました。

女性は「上司の未来はどうやったら変わるのだろう？」とイメージの中でいろいろ対応を変えてみます。「笑顔で挨拶をする」というのでもイメージの中では上司に無視をされて、上司の気持ちになってみると「バカにされている」という不快な気分になります。「お茶を入れてあげる」とか「お菓子を買っていってあげる」ということをイメージの中でやっても「上司の未来は変わらない」となっていたんです。

そこで「押してダメなら引いてやれ！」と思って、イメージの中で「上司を無視する」ということをしてみたんです。いつも女性から話しかけて、不快な態度を取られていたので「無視」をしてみたら「あ！　上司の未来が変わったかも！」となったんです。上司の気持ちになってみると、それまで全く反省しないで人のことばかり責めていたのが「あれ？　反省するようになった」と、上司の未来が変わりました。

これならいけるかも！　と思ったものの「でも、私に上司のことが無視できるのかな?」と不安に思って出社したら「あれ? 上司の態度が違う!」と、女性に笑顔で挨拶をしてきたんです。しかも、上司から話しかけてくれて、女性の意見をちゃんと聞く、というようになり「これじゃあ、無視する必要がないじゃない」と女性は上司の変化にびっくりしてしまったんです。

3-4 他人の未来から変えていく

② 同僚の場合

自分勝手な仕事をする同僚

職場に場の空気を読まない同僚がいて、気にしなければいいのに、その同僚のことが気になってイライラしてしまいます。

ちゃんと人の話を聞かないで、自分勝手な仕事の仕方をする同僚なんです。そして、いつも同僚にとって都合のいい仕事しかやらずに、面倒くさい仕事には一切手をつけないから、こちらに回ってきてしまうんです。自分はちっともできていないのに、人の間違いを指摘してきてイラッとさせられます。

一方飲み会などに行くと、同僚は人が話をしている時は「全く興味がない」という態度で、自分が話をする時は生き生きと話をして、みんなの注目を奪う感じになる。あの同僚のことを考えると憂うつな気分になって「会うのが嫌だな」と職場で一緒になってしまった未来を考えてしまいます。

「同僚の未来を変える」と聞いた時に「なんで私が同僚の未来を変えてやらなければならないんだ！」と自分が損する気持ちになってしまいます。こうして同僚のことを考えるだけでも不快なのに、なんで同僚の将来を変えるために自分が努力をしなければならないの、と正直乗り気にはなりませんでした。でも「あの同僚と一緒にいるのは不快かも」と思って、同僚の未来が変わったら私の未来も変わるのかも、と希望を持って試してみることにします。

低姿勢に変わった理由

「同僚の未来を変える」なら、まずは同僚に説教をするとか怒鳴りつける、ということしか思い浮かんできません。それをイメージの中で同僚に対してしてみても「この人ビクともしない」という感じでちっとも変わらず「ますます嫌な奴になっていく!」と最悪な状態に。

そこで「同僚の気持ちになってみる」というのをやってみます。同僚の気持ちになってみたら「あれ? 同僚って結構、器用でなんでもできると思っていたけど、全然ダメダメ人間なんだ」ということがわかってきます。これまで同僚に対して「なんでこの人はわかっているはず、そしてできるはずなのにやらないんだ!」と怒っていたのですが「あれ? この人、全然わかっていないし、不器用でやることができないんだ」ということが見えてしまいました。

それがわかったら「あ! ちゃんと丁寧に教えてあげなきゃいけないいんだ!」ということが見えてきます。「大人だったらわかるでしょ!」という常識的なことが同僚にはわかっていなかった。わかっていないのに「わかっているはず」とこちらが勝手に期待して、できていないから「わざとやらない」とムカついていたんです。それをイメージの中でやってみたら「あ! 同僚がちゃんと低姿勢で人の話を聞くようになった」になります。そして「わかるはず」と思っていたことを、ちゃんと丁寧に説明してあげたら、人を苛立たせることが得意だった同僚が「落ち着いた」とイメージの中で未来が変わりました。

翌日、出社してみたら「あれ？　同僚の雰囲気が違っている」とびっくりします。あの同僚に対する不快感がなくなっていて、同僚が謙虚な姿勢になっていたんです。そして、おいしい仕事だけ取っていきそうになったら、「ねえ、ここはちゃんと先輩においしい仕事を譲るんだよ」と教えてあげると「あ！　そうなんだ」とちゃんと譲って、誰もがやりたくないような面倒くさい仕事を引き受けてくれます。素直にこちらの話を聞いてくれて、同僚の好感度が上がっていき、職場の不快感が軽減していきます。

「なんで同僚の未来を変えるためにやらなきゃいけないんだ」と思っていたけど、実際にやってみたら「仕事がしやすくなって職場が楽しくなってきた」という感じで私の未来も変わっていったんです。

マウンティングにうんざり

ある男性は、同僚からの「マウンティング」に悩まされていて、職場に行くことを考えるだけで憂うつな気分になっていました。何かというと自慢話をしてきて「家族と旅行に行ってきた」とか「ドライブに行ってきた」と聞かされて、こちらがその話に興味を持つと「お前もどこかに行ったんじゃないの？」とどこにも行っていないのをわかっているのに聞いてくる。「どこにも行っていない」と同僚に話すと「いや、家族と過ごすと疲れるから一人でいた方が絶対にいいって！　お前のことが羨ましいよ」とフォローする体でマウンティングをされて嫌な気持ちにさせられます。

他の同僚と世間話をしていると、すぐにその同僚が入ってきて自慢話をし始めます。周りの人を不快にさせちゃいけない、と気を遣って話に興味があるふりをして聞いていますが、どんどん男性の中に怒りが溜まって「この人本当に嫌！」という感じで爆発的な怒りが吹き出しそうになり、それを抑えているだけで苦しくなってしまうんです。

そんな同僚の未来を変えるというのは、ピンときません。だって、あの同僚は自分に満足していて、自分が一番だからマウンティングを男性にしてくるんでしょ？　自分が一番だと思っている相手を変えるったって変えようがないじゃないと男性はあまりやる気がしません。

でも、同僚が転職しない限りはずっと職場が不快なままだから「もしかしたら、同僚の未来を変えたら転職をしてくれるかもしれない」という希望を持って、試してみることにします。

実はかわいそうな奴だった

「どうやったらあのマウンティングをしてくる同僚を変えることができるんだ？」と考えてみると「あいつは無理」と何をやっても、何を言っても変わらない同僚の姿がそこにあります。

そこで、同僚の立場になって「同僚はどんなことを感じているんだ？」と確かめてみます。同僚になりきって、周りの風景を見たときに「えっ！　みんなから嫌われている、という感覚がバリバリあるんだ」ということが伝わってきてびっくりします。嫌われているのがわかっているから、自分の居場所を作るために自慢話をしたりしてマウンティングをしてくるんだ、ということがわかってきたんです。そしたら「この同僚はかわいそうな子なんだ」と思っただけで、イメージの中で同僚の態度が変わって大人しくなってしまったのでびっくりします。

「まあ、でもイメージの中だけだから」と思いながらも「あいつはかわいそうなやつなんだ」

と頭の中では思っていたんです。すると、職場に行ったら「同僚が転職をするって！」と本当に同僚が転職をすることになってびっくりします。ちょっとだけ「もしかしたら自分がそう仕向けてしまったのかも？」と罪悪感が湧いてきましたが「あいつはかわいそうなやつなんだ」と思ったら「まあいいか！」と気持ちがスッキリするから不思議です。

そして「あいつはかわいそうなやつなんだ」と思っていると、一緒に働いている残りの期間は「ちっとも不快じゃない」となって、相手もマウンティングをしてこなくなり「ちょっと寂しいかも」と思うようになっていくから人間は不思議です。同僚の未来が変わり、そして男性の未来も変わっていったんです。

3-5 他人の未来から変えていく

3 家族（親）の場合

他人を優先させる母親

ある方と話をしていて「自分はこれから先も絶対に変わることができない」とおっしゃっていました。「それはどうして？」と質問をしてみたら「母親が変わらないから」とおっしゃっていて「それって甘えているだけなんじゃない？」とその当時は思ってしまいました。

でも、よくよく考えて見たら「自分は変われるかも」と希望を持ったら、母親の余計な一言で引き戻されて「やっぱり自分は変われないダメなまま」という気分になってしまうことは私もしょっちゅうありました。もしかして「自分が変われない」というのは、本当に母親の影響があるのかもしれない、と思ったら、この「母親の未来を変える」ということをやってみたくなるんです。

母親は、いつも自分のことよりも他人を優先していて「人の目をものすごく気にしている」という感じの人で、私はしょっちゅう「みっともない」とか「汚らしい」や「気持ち悪い」と言われて傷ついていました。そんなに私って人から受け入れられない存在なのかな？　と自信を持つことができません。常に母親の目が私のダメなところを否定しているような感覚があって、離れていても母親の価値観に縛られている、と自由になれない自分がいたんです。

そんな私が「母親の未来を変える」ということをやってみます。母親は父親の世話をずっと苦労しながらやってきたので「ご苦労様でした、もう手放していいんじゃない」という感じでイメージの中の母親に伝えてみても、全然変わりません。そこで「お母さんのことをずっと尊敬しています」と伝えてみたけど「母親はこちらの手の内を知っていて変わらないな」という感じでイメージの中の母親は変わりません。

イメージの中で母親が変わらない、というのは「お母さんに本当に感謝をしています」という言葉を頭の中で唱えてみて、そして母親をイメージした時の私の感覚。「やっぱり何も変わっていない」という感じでワクワク感が全然得られません。

母親は解放される

そこで「母親の気持ちになる」ことをやってみます。「母親の立場になったらどんな気持ちなんだろう？」と思うだけ。

すると、父親のこと、母親の兄弟のこと、そして色んな知り合いの人たちのことを抱えて、その人たちに責任を感じている母親を感じることができた。「うわー、なんにでも責任を感じているんだ」と苦しくなる。その割には私には冷たかったような気がしていたけど、それも「母親の気持ちになる」と思って確かめてみると「責任を感じていたから、あんな態度になっていたんだ」ということに気づくことができて、ちょっと私の目から涙が溢れてきます。責任感なんか持たなくていいから、もっと優しくしてほしかった、と私の胸は押さえつけられるように苦しくなりました。

そんな時に「母親は解放される」という言葉が浮かんできて、私の場合はイメージするのが苦手だから、「母親は解放される」と母親に伝えようと「母親」と思ってみた時に「あ！自分の気持ちが軽くなった！」と頭が軽くなる。その次の瞬間に、私の携帯電話が鳴り、これまで母親から一度も電話がかかってきたことがなかったのに、なんと知らない電話番号から母親の声が響いてきました。「えっ？　母親の未来がもう変わったの？」とびっくり。そして、次の瞬間に私の未来も変わっていきます。

いつも余計なことで失敗する

ある女性が「私の母親が変わらないから、私も母親にこのまま足を引っ張られ続けて変わることができない」とおっしゃっていました。これはどこかで聞いたことがある、と思っていたら、たくさんの人が何気なくこの仕組みを知っていらっしゃった。

母親がずっと幸せじゃなかったから、自分は母親よりも幸せになることができない、と思っている。実際に幸せになろうとすると、必ず邪魔が入ってぶち壊されて、母親よりも不幸せな人生をいつも生きなければならなくなってしまう。自分の好きなことをやって楽しい人生を歩んでくれたらいいのに、と思うのだけど、母親はいつも余計なことをやって失敗していつも後悔をしていて、女性はその愚痴を聞かされ続けてきてしまった。こんな母親の未来を変えられるの？　と信じられなかったけど、女性はとりあえずやってみることにしました。

母親を思い浮かべるとやっぱり憂うつな気分になり、不幸そうな顔をしている母親の姿がイメージされてどんどん弱ってしまって「自分が面倒を見なければならない」という不安に苛まれてしまう。

この不幸そうな母親の未来を変えられるのか？　と思って女性はイメージの中で母親に「これから幸せになっていいよ！」と伝えてみます。でも、ちっとも母親のイメージは変わりません。「もっと好きなことをやって！」と現実でも伝えたことがある言葉を伝えても無意味だ、という感じでさらに憂うつ気分がひどくなります。

「不幸の塊」が変わっていく

そこで「母親の気持ちになってみる」ということをしてみます。「母親の気持ちになる」と思ってみると「あれ？　母親の中身は不幸じゃないぞ！」と不思議な感覚になっていたんです。母親は不幸だと思っていたら全然違っていて「不幸が勲章であり誇り」になっていたんです。

不幸自慢をする人はいますが、まさに母親はその塊、という感じ。苦労人でいることが生きがいで、そしてそれを気遣ってもらうことに喜びを感じているんだ、ということがわかってきます。

そしたら「お母さんはそのままの人生を生きていいんだよ！」という言葉が浮かんできました。今までは「幸せになってほしい」と思っていたのに、それが余計なお世話だった。母親は不幸自慢の世界で生きたいのだったら、そういう人生でいいんだ、とイメージの中で母親に伝えたらスッキリした！　となりました。

そして、現実に母親と顔を合わせた時に、また不幸な選択を繰り返している母親の話を聞いていて「この人はこれが好きなんだ！」と心から思えて気が楽になります。そして「お母さんはそのままの人生を生きていいんだよ！」とイメージの中で伝えた言葉をそのまま伝えてあげると、母親はキョトンとしています。

それからしばらくすると、母親がこれまでしなかった友達との旅行に出かけたりするようになりました。どうせ旅行に行っても、帰ってから愚痴を聞かされるんだろうな、と思っていたけど「愚痴を言わなくなった」という不思議な現象が。ちゃんと楽しんで帰ってきて、次の約束まで取り付けて生き生きしている。

母親の未来がいつのまにかゆっくりと変わり始めてきて、女性も母親に足を引っ張られることなく、自分がしたいことができるようになってきたんです。

3-6 他人の未来から変えていく

④ パートナーの場合

夫の気持ちをモニターする

「過去と他人は変えられない」――これが一般常識でしょう。だから、パートナーを変えようとすればするほど苦しくなってしまう。変えようとすると、必ず相手から「変えられるものか！」と抵抗が起きるから「ムカつく！」こととなりストレスになってしまいます。

でも、脳のネットワークはこれまでの常識を覆してしまいます。だって、時空を超えてしまうのですから。たとえば、憂うつな気分になって「この先、この夫と一緒にいなければいけないんだ」と思った時に、時間旅行をしていますから「夫の未来を変えちゃおう！」ということができちゃいます。

憂うつな気分で「あーあ」と言う夫の姿が見えた時に「この人には何を言っても変わらない」と絶望感のようなものが襲ってきます。それが未来の夫の姿。そこで「自分が夫の気持ちになってみる」と唱えてみると、夫の気持ちをモニターすることができちゃいます。

自分に対して怯えている

いつも何も考えていないような夫なのですが、夫の気持ちになってみたら「怯えている少年」のような感覚があります。「夫の気持ちになる」と唱えただけなのに、夫の気持ちがわかるように伝わってきて「この人って怒られることに怯えているだけなんだ」と意外な感じに。だって、いつも偉そうな態度だし、お金に対してはケチだし、こっちが世話をしてあげることが当たり前と思っている、という印象でしたから。

憂うつな気分で未来の夫につながって「夫の気持ちになる」とやってみたら、怒られることに怯えている少年のような感じだから、怒られないように偉そうな態度をしていたし「お金が無くて責められないように」ということでお金をケチケチして貯めていた。家事を手伝わないのも「失敗したら怒られる」と怯えているから夫は手を出すことができなかった、などということが見えてきて「へー！」となります。

たしかに怒られることに怯えていたから、妻が問題を指摘すると「うるさい！」と話を聞こうとしなかった。

そんなイメージの中の夫に「怯えなくていいのよ」と伝えてみても「全然気持ちがすっきりしない」、だから未来の夫は変わっていない、ということがわかります。「あなたは子供じゃなくてもう大人なんだから大丈夫」と伝えても「全然びくともしない」と意固地になっている夫の姿が浮かびます。「あなたは母親から愛されている」という言葉をイメージの中で掛けてあげたら、ますます怯えが酷くなってびっくりします。

「どんな言葉を掛けたらいいの？」とわからなくなったので、もう一度「夫の気持ちになる」と唱えて夫の気持ちになってみたら「怒られることが怖い」というのと「これまで私にしてきた罪悪感」が伝わってきて「え？　私に対して申し訳ないと思っているんだ！」と驚きます。そんな素振りを一切見せたことがない夫だったので「私のことなんてどうでもいいと思っている」と信じていたのが違っていたとわかります。

そこで、イメージの中の夫に「自分を許してあげていい」と伝えてみます。すると「なんだかさっきまでの憂うつな気分がすっきりしたかも」となったので、未来の夫が変わったことがわかります。そして、現実の世界で「あなたは自分のことを許してあげればいい」と伝えれば夫が変わるんだな、と思っていたら「夫が家事に協力的になっている」と、それまで食器などをテーブルから下げたことがないし洗ったこともないのに、片付けをし始めた夫がいます。「これって伝えなくていいの？」とちょっと肩透かしのような感じ。

「伝えたらどう反応するのかな？」と楽しみにしていたのに、夫の未来が変わったら現在の夫まで変わってきた。ちゃんと私の話が聞けるようになっているし「あなたはわかっていない」というようなぞんざいな態度も取らなくなっています。まだケチケチだけは残っているよね、と課題はありますが、それで憂うつな気分になったら「あなたは自分を許してあげていい」とイメージの中で夫に伝えてあげて、夫の未来を変えてあげるんです。

相手の未来を変える言葉

パートナーは妻であったり、恋人であったり、誰でも。相手のことを考えたら憂うつな気分になった、ということは「相手の未来がこのまま変わらない」ということになっています。

憂うつな気分で脳は時間旅行をして、未来の相手の姿を垣間見てしまうから、もっと憂うつな気分になってしまう。憂うつな気分になっているときは、時間旅行をして未来の相手の姿を見ているから、と思って「相手の未来を変えてしまう」というのがこの方法になります。

パートナーに言葉掛けをしてあげて「憂うつな気分がなくなった」となったら「パートナーの未来が変わった」ということになります。言葉掛けは「そのままのあなたでいいのよ」とか「あなたは変わらなくていいのよ」など優しい言葉が効果的です。憂うつな気分が消えるような優しい言葉が思いつかなかったら「相手の気持ちになってみる」と頭の中で唱えてみると、相手の気持ちが伝わってきて「え！　こんな気持ちだったの？」ということがちょっとわかるようになります。

自分が相手に対してこれまで持っていた印象とはちょっと違ったことを相手が感じていることが「相手の気持ちになってみる」と唱えると伝わってきます。その気持ちが伝わってきたら「相手の未来を変えるためにこんな言葉を掛けてあげればいい」というのが浮かんできます。その言葉をイメージの中で相手に掛けてあげます。相手のイメージははっきりできなくても、頭の中でただ言葉をつぶやくだけで、自分の憂うつな気分が解消されればそれで相手の未来が変わります。

その「相手の未来を変える言葉」は現実でパートナーに声掛けしてあげても構いません。ふっとした瞬間に「あなたは自分を許してあげていいよ」とつぶやきます。すると、じわじわと相手の未来が変わっていきます。

脳はネットワークでつながっているので、この一連の作業をするだけで「あれ？　言葉掛けをしなくても相手が変わった」ということが起きることがあります。この作業をするだけで相手の未来が変わり、そして相手の未来の変化に影響されて現在の相手も変わることができるんです。

第4章

自分の未来の想定法

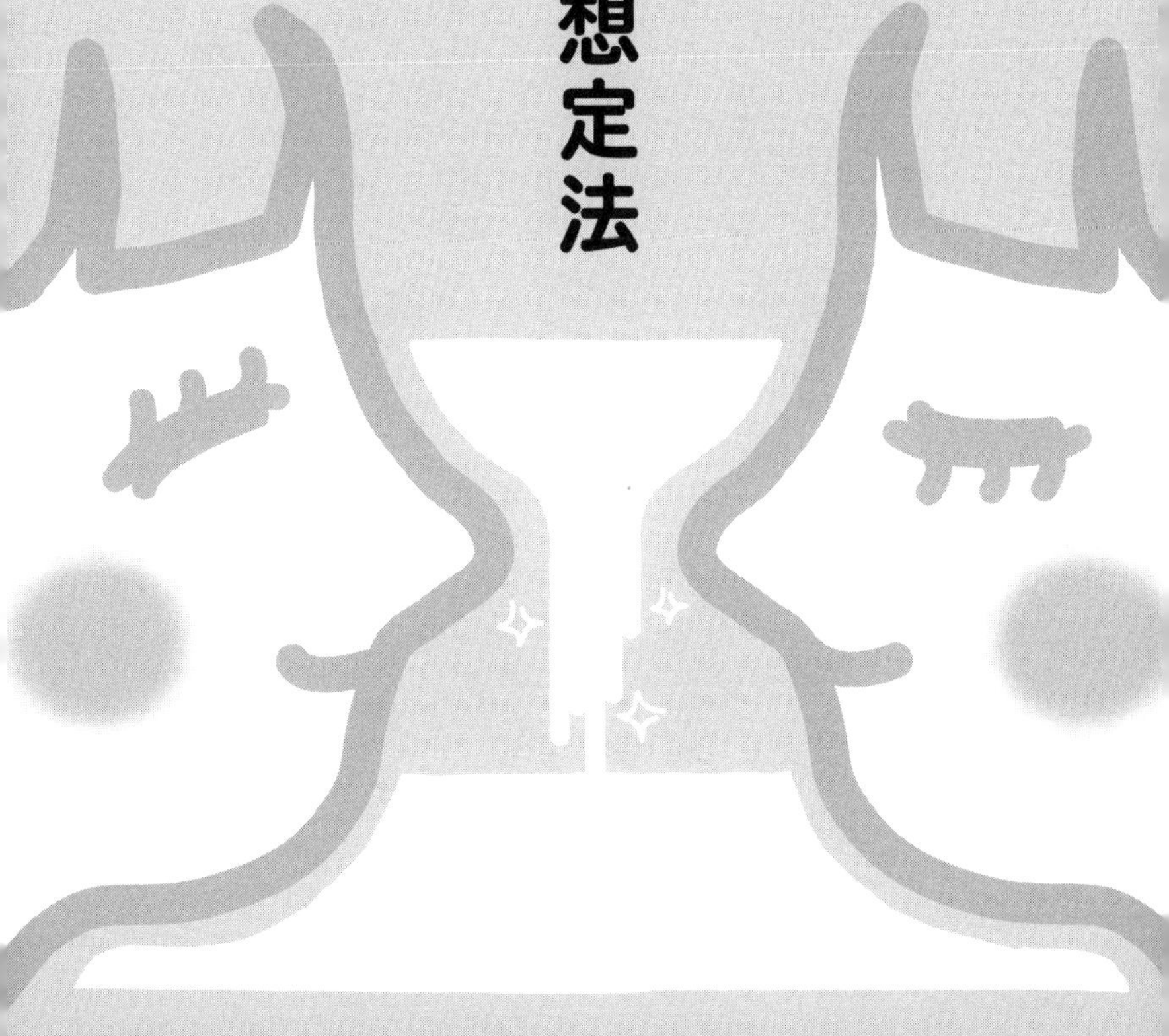

4-1 「成功の未来」を想像する方法

成功の未来はすでに存在している

成功の未来は想像するものじゃなくて、未来にすでに存在しているものなんです。

「え？　私は成功とは無縁ですけど？」と思う方もいらっしゃるでしょう。私も思っていました。いつもおドジでマヌケ、誰から見たって「こいつは成功しない」と子供の頃から思われていたし、自分でもそう思っていました。

そんな私の中で「これからのものすごい惨めな人生」を思うと同時に「すごく成功している自分」というのが同時に浮かんでいたんです。これって自分のみじめな気持ちを打ち消すために勝手に想像している未来の自分の成功した姿なのかな？　とずっと思っていました。でも、そのうち「未来って一つじゃないんだ！」ということがわかってきます。未来って大きな木の枝のようにいくつも先が分れている。成功する未来もあれば、失敗してしまう未来もある。

それは、私たちが未来の分岐点でどれを選択するかで変わってきて、自分の選択だけじゃなくて誰と出会うかなどでも全く結果が違ってきてしまうんです。

たとえば私が車を運転していて「ここでスピードを出したらお巡りさんに捕まってしまう」と思った時は「単なる予感」と思っていますが、実際は「未来に失敗した自分が存在している」となっている。未来にスピードを出してお巡りさんに捕まって、そして免許停止になって「車が運転できなくて不便だよ〜」というだけじゃなくて、仕事にまで支障が出て、思うように仕事ができなくなってしまった、と失敗の人生を歩むことになっている。

そんな未来の自分の犠牲があるから「あ！　ここでスピードを出してはダメだ！」と抑えることができる。そして、到着して「よかった、何もなくて」と安心することができて、仕事も楽しくなって、どんどん自分がやりたいことができる、という未来が現実となっていきます。

想像力は一切必要ない

いくつもの未来が存在していて、たくさんの未来の自分が犠牲になって「成功の未来」というのが選択肢として存在します。いくつもの失敗を乗り越えてそこに成功が存在する、という一般的な考え方もあります。でも、それだけじゃなくて、たくさんの未来の失敗した自分の犠牲があって、そこに成功した自分が存在するんです。だから「成功の未来」って自分の想像力で作り出すものではなくて「未来に既に存在している自分」なんです。

想像力は一切必要なくて「成功の未来」と思うだけで、脳は時空を超えて未来の成功した自分の脳へつなげてくれて、成功した自分の感覚を確かめることができます。自分で一生懸命に想像する必要がなくて、なんとなく頭の中で「成功の未来」と思うだけで、未来の様々な分岐点で成功の道を選んだ自分と出会うことができます。そして、その成功のためにたくさんの犠牲になった自分がいて「失敗の未来」もその陰では存在しています。

ですから「自分は失敗しちゃうかも」と思ってしまったら、それは簡単に「失敗の未来」につながることができて、リアルに失敗のイメージができてしまう。実際に失敗している自分が未来にたくさん存在しているんです。

私たちの日々の生活で「たくさんの選択肢」があるとはあまり思えません。淡々と過ごしているだけ、と思っていますが、家に帰ってきた時に「テレビのスイッチを入れる？入れない？」を選択するだけでも「未来が変わる！」となっていて一つの分岐点になっています。食事をする時に「コンビニで弁当を買う、それとも自分で作る」も選択肢になります。それを「いつもコンビニ弁当だから今日もそれでいいよ」と自分で選択しているようですが、そこには「決まった未来」があって、その未来の自分に導かれて私はコンビニ弁当を選択している。

そこで私が「成功の未来」と思った時に「いつもの自分と選択するものが違う！」となるのは、すでに未来に成功している自分がいて、成功の方に導いてくれるから。だから、失敗の未来とは選択するものが違ってくるのです。

自動的にさまざまな選択肢をクリアできる

私は頭の中で具体的にイメージすることが得意ではありません。でも「成功の未来」と思った時に、蝶ネクタイをつけて壇上にあがって、何か表彰されているような自分の姿がぼんやりと浮かんで「フッフッフ」という何かくすぐったいような恥ずかしいような感覚になりました。そして、朝起きた時に「成功の未来」と頭の中で唱えてみると、あの蝶ネクタイをつけた壇上の自分がスナップ写真のように浮かんで、そして私はいつもだったら「朝はだるくてダラダラしちゃう」となっていたのが「原稿を書こう！」と、ダラダラ時間がなくなって原稿を書き出します。

なんだか疲れてきた、となったら「成功の未来」と頭の中で唱えてみると、再びあの壇上のスナップ写真がぼんやり浮かんで「まだまだいけるかも」といつもよりも集中力が持続して、原稿を書くのが楽しくなっていきます。

未来の成功した自分とつながって、その未来の自分の脳につながることで、自動的に成功するための選択肢を分岐点ごとに与えてくれて、成功の方向へと向かわせてくれます。私の場合「成功の未来」と唱えて、成功した未来の自分につながってみると、「あれ？　懐かしい匂いがする」と自分が何かを成し遂げてワクワクしていた時に嗅いだ、甘いような懐かしい匂いがしてきて「お！　これが成功の匂いなんだ」と未来の成功の自分が嗅いでいる成功の匂いがしてきました。

「未来の自分」と頭の中で唱えて、未来の自分につながった時に、人によってその感じる感覚は違っていますが、その感覚を頼りに、さまざまなことを選択していくと「成功の未来」にいつしかたどりつくことができるんです。

たくさんの「失敗の未来」での自分の犠牲がすでにあるので、成功の自分だけにつながればいい。そして「成功の未来」につながって自動的にさまざまな選択肢をクリアすることができちゃいます。

4-2 「成功の未来」と「失敗の未来」を統合する方法

わざわざ「失敗の未来」を選択してしまう

私は子供の頃から「こっちを選択すれば成功する未来に行けるのに」と思っていることを選択することができませんでした。

たとえばある日「あの子と一緒にいたらいじめられる」という子と「あの子と一緒にいたら勉強ができるようになる」という子の二つの選択肢がありました。自分でも「あの子と遊んでいたほうが勉強はできるようになるし、人生がいい方向に開けるのに」とわかっているのに「失敗の未来」を選択していじめっ子にいじめられて自信をどんどん失っていきます。

「なんで成功の未来を選択できないんだろう？」と自分でも不思議に思っていました。

友達から誘われた時に「行かないほうが絶対に後で後悔しない」となんとなくわかっているのに「まあいいや！」と失敗の未来を選択してしまい、友達から置き去りにされて、乗ってきた自転車はパンクをしてしまい、泣きながら遠い道のりを押して帰った、という惨めな状況を体験します。「こうなるってわかっていたのに！」ということを選択して、後でものすごく後悔をして憂うつな気分になっていたんです。

このように、失敗の未来をわざわざ選択する理由は「楽な方向、安易な方向を選択するからだ」とずっと思っていたんです。「断ってしまって一人になるよりは、他人に流されたほうがいい」とか「自分で考えるよりは、人のいい加減な意見に従っていたほうがいい」という感じ。自分の意志の力が弱いから、自分がだらしないから「成功の未来」じゃなくて「失敗の未来」を選択して、自分はどんどんだらしないダメ人間になって、人から嫌われていった、と信じていました。

「失敗の未来」を選ばせる嫉妬の威力

だけど最近、それが自分のせいじゃないんだ、というしくみがわかってきたんです。

それは「成功の未来」を選択しようとすると「周りからの嫉妬」を受けてしまうから「嫉妬が怖くて成功を選択できない」となっていたんです。

「嫉妬が怖いって、嫉妬されるようなすごいものはなにも私は持っていませんけど」とずっと思っていました。でも、よくよく考えてみたら「たくさんの未来の選択肢」というのがあって「成功の未来」が自分に存在しているのだったら「成功した自分」に脳が時間旅行をしてつながった時に「ビビビッ!」と嫉妬の電流が流れてきて「ものすごく嫉妬されているんですけど!」と恐怖になります。

たぶん、多くの人がここで「成功と失敗だったら、絶対に成功の方を選ぶでしょ!嫉妬なんか相手にしなければいいんだから!」と思うわけです。でもそれは、嫉妬の威力を知らないから。

たとえば、ものすごいカリスマ社長だった自動車会社の人が「あれ? いつの間にか犯罪者!」となってしまう。「それって、あの人が悪いんじゃないの?」とみんなあの人を責めるのも嫉妬なんです。みんなが「わー! カリスマ!」と崇めていたと思ったら、ちょっとでも何か失敗をすれば、次の瞬間は「犯罪者!」にさせられてしまうのが嫉妬の威力。嫉妬って脳の発作で「破壊的な人格」となります。

周りの人が嫉妬の発作を起こして「破壊的な人格」になっていると、それに影響されてカリスマだった人が「破壊的な人格」に変身してしまって「犯罪的な行動」をさせられてしまう。

芸能人だって成功したら「あれ？ あの人どうして犯罪に手を染めてしまったの？」ということが起きてしまう。周りの人たちが嫉妬で破壊的な人格に変身しちゃったら、それに影響されて破壊的な人格になって「成功」を破壊してしまう。

こうしたことから私は「成功の未来」を選択することができませんでした。誕生日にミニカーを買ってもらう時も、友達と同じものがいい、と思っているのですが、なぜか「ダメなミニカー」を選択して「あーあ、なんでこれを買っちゃったかな？」と後悔します。洋服だってそうです。

どうやったって「成功の未来」を選択することができないのは、それをした時の周囲の嫉妬を未来で受けているのを感じ取ってしまうから。「成功の未来」は自分にはできない、と思っているのは、成功した時の周囲の嫉妬を脳の時間旅行で体験しているから。

でも、失敗の未来も結果的には「周囲の嫉妬」の影響なんです。だって、周囲の嫉妬が怖いから自ら失敗を選択して惨めな状況を選択しているのだから。嫉妬の電気ショックで失敗という檻に追い込まれて、そこに閉じ込められて憂うつな気分から抜け出せなくなってしまうんです。

淡々と生きられる自分になる

でも、嬉しいことに未来はたくさん枝分かれしているわけですから「成功」とか「失敗」という極端なものじゃなくて、嫉妬されずに楽々生きられる、という選択肢があります。その選択肢をどうやって見つけるかというと「成功の未来」と「失敗の未来」を統合してみると「素のままの未来」という楽チンに生きている自分が浮かんできます。

方法は簡単で、両手を握って膝の上におきます。そして「成功の未来」と思って、私の場合だったら「壇上で蝶ネクタイをつけたスナップ写真」が浮かんできて甘い匂いがしてきたら「成功の未来」の自分を左の掌に乗せるために、膝の上の左手を広げます。そして今度は「失敗の未来」と頭の中で唱えると「4畳半の光が入ってこない畳の部屋で体の力が入らずにただ横になっている自分」が浮かんできてカビ臭い匂いがしたら、その「失敗の未来」を右の掌に乗せるために右手を広げます。すると、左手には「成功の未来」が乗っていて右手には「失敗の未来」が乗っていることになるんです。その二つの手を自分の正面で合わせてみます。

すると私の場合は「普通のスーツを着て、真面目そうに進む方向を見据えている自分」が出てきて匂いが何もしなくなります。これが「成功の未来」と「失敗の未来」が統合された「素のままの未来」で、嫉妬など関係なく淡々と生きられる自分になります。朝起きた時などに両手を合わせてもいいし「普通のスーツを着て進む方向を見据えている自分の姿」を思い出してもいいです。すると「淡々といろんなことができる」という感じになって「成功への怖さ」というものが私の中から消えていたんです。

失敗と成功が統合されると「嫉妬されない楽チンな人生」が目の前にあるんです。その自分の未来に従って生きていくと、嫉妬に邪魔されることなく淡々と生きることができて、憂うつな気分に閉じ込められなくなるんです。

4-3

「見える未来」の長さを短くしていく

未来にロックオンしてしまう

私はちょっと前まで、仕事の合間にトイレに入って窓から外を見た時に、ビルの工事現場が見えていて「あー、私はそのうちに工事現場で働くことになるんだろうな」と憂うつな気分になっていました。

ずっと座り仕事で筋肉を使ってこなかったので、現場の親方から怒鳴りつけられて、周りの作業員の方から馬鹿にされているイメージまで浮かんできます。そして、ビルの建設現場の鉄骨を運びながら「昔はカウンセリングの仕事をやっていたのに」と心の中で嘆きながら憂うつな気分になっている自分が浮かんできます。

学生時代は工事現場でアルバイトをしていて、ビルの鉄骨などを運んでいて、ビルの中でデスクワークをしている人たちはいいな、とかじかむ手に息を吹きかけながら羨ましいと思っていました。そして、いつしかカウンセリングの仕事をやるようになったら、また、元の自分に戻っている未来が見えて憂うつな気分になってしまう。

工事現場で寒い、暑い、苦しい、怒られて惨めな思いを散々してきて憂うつな気分になったことを思い出して「自分を奮起させて勉強でも研究でもバリバリやってやろう！」という仕組みになっているからトイレでそんなことを思っている、と私は考えていました。

でも「自分にやる気を出させるため」という目的だとしたら全然成功していなくて「憂うつな気分になって、余計になにもできなくなって失敗ばかりしてしまう」という状況で、私がみていた未来の自分は「あれって本当の自分の未来なんだ！」ということを実感することになっていたんです。

自分で「気分が憂うつになるんだったらそんな未来の自分につながらなければいいじゃない！」と思うのですが、一度「ロックオン！」と未来に照準が合ってしまうと、そこから意識が離れなくなって、何かあるたびにその映像が浮かんできてしまって何もできなくなり、着々とその未来に向かって歩み出す。自分で止めることができなくなっていて、頭も働かなくなり、努力することが一切できない自分になっていました。

半分、さらに半分

そんな時に「あ！　この未来を変えやすい大きさに変えちゃえばいいんだ！」ということに気がつきます。

学生時代のように寒い工事現場で働く未来が、自分の未来として確定してしまっている場合「変えることができない」となってしまいますが「あの姿って何年後のこと？」と自分に問いかけてみると「5年後」というのが浮かんできます。「あと5年も猶予があるんだ」と思ったらちょっと楽になりました。

そして「だったら5年の半分の2年半後の自分だったらなにをしているの？」と自分の中で「2年半後の自分」と思い浮かべてみます。すると2年半後の自分はオフィスで焦って右往左往しているけど「何もかもうまく行かない！」と憂うつな気分になっていました。

そしたら「2年半の半分である1年と3カ月後の自分は？」と思い浮かべてみます。すると「2年半後に起きる大変なことに気がついていなくて、まだ余裕で努力をしていない自分の姿」が浮かんできました。そこで「その半分の7カ月半後の自分」と思ってみると「あれ？これまでの自分と違っていて落ち着いて何かを書いている」という姿が浮かんできます。だったら今度は「およそその半分である3カ月後の自分の姿」と思ってみると「悩みながら何かを書いている姿」が浮かんできます。それって、今まで自分が努力してもできなかったことだし、続けられなかったこと。そして「その半分の1カ月半後の自分」としてイメージをしてみたら「何かの文章を書き始めている自分」のイメージが浮かんでいました。

このイメージが浮かんできた時に「あ！　自分が努力をするまでに1カ月半の余裕があるんだ」と思ったのですが、その日から私は「文章が書きたい！」となってひたすら文章を毎日書き続けるようになります。これまでちっとも自分の夢のために努力することができなかった自分が「見える未来」の長さを短くしただけで憂うつな気分から解放されて、いつのまにか自分の夢に向かってコツコツと集中できるようになっていきました。そして、それをしているうちに「5年後の自分」と思った時の、あの憂うつなイメージが浮かんでこなくなって「淡々と楽しく書き続けている自分」の姿が出てきて、さらには「人前で講演をしている自分」とそれまでの自分では考えられなかった自分が出てきて「自分の未来が変わっていく」というのが見えてきたんです。

「見える未来」の長さを短くしていくと「簡単に未来が変えられる！」となります。憂うつな自分の姿が浮かんできたら「これは何年後の自分？」と自分に問いかけてみます。すると「3年後」とか「5年後」という数字が浮かんできますから「その半分の自分の姿」と頭の中で呟いてみます。そして、半分にして、さらに半分にしていくと、いつしか憂うつな気分が消え去っていて「自分の未来」の姿がいつのまにか変わっていきます。見える未来を短くしてみると、それまでできなかったことができるようになります。わからなかったことがわかるように変化していくんです。そして、最初に見ていた憂うつな未来がいつのまにか変わって、楽しい未来になっていきます。

4-4 憂うつな出来事が確定していたらどうする？

自分を憂うつにする人に気を遣ってしまう

私は、あそこに外食をしに行ったら不快な目に遭う、となんとなく予感がしているのに「まあ、自分の気のせいだろう」とか「それは考えすぎだろう」などとその予感を打ち消してしまってそこへ行くと、「やっぱり嫌なことが起きた！」と予感が確定してしまいます。

自分の脳が未来の自分の脳と時空を超えてつながるから、未来に憂うつなことが起きることをちゃんと知っている、なんて誰も思わないわけです。「確定」していると思わないから「もしかしたらハッピーエンドが起きるかもしれない」と希望的観測を持ってしまって「あーあ、やっぱり確定していた」という憂うつな結果になってしまいます。

自分で「面白いな」と思ったのは、同僚と一緒に食事に行った時、入った瞬間に「この店の雰囲気はおかしい」ということがわかってしまいます。「これは店員さんから不快な対応をされるし、食事も食べたら憂うつな気分になるんだろうな？」と自分の中では確定しているんです。

でも、ここでこの店をやめようと言ったら、同僚に不快な思いをさせるし……と自分の中で迷ってしまいます。そうして席に座ってみると「あー、他のテーブルにはおしぼりを出しているのに私たちには出してくれない」という対応が。そして、注文をしても「なかなか料理が出てこない」とイライラしてしまいます。

すると同僚から「なんで大嶋さんは、この店がダメだ、とわかっているのにそのままとどまるんですか？」と質問をされて「はっ！」と我に返ります。そうか！ 憂うつな出来事が起きることが自分の中で確定していたら、自分で選択肢をいくらだって変えていいんだ！

ということにその時、初めて気が付いたんです。

それまで「自分の選択した運命は真摯に受け止めなければならない」と思っていた。どんな憂うつなことでも自分を成長させてくれるかもしれないから、受け止めなければいけない、と信じていた。さらに、自分が憂うつなことを回避してしまったら、店員さんなどの他の人を不快にしてしまうかもしれない、と自分を憂うつにする人に気を遣ったりして、確定している憂うつな出来事を避けることができないでいたんです。

憂うつな未来を再現する必要はない

もうちょっと考えてみたら「あ！　この店は嫌な予感がする」と思ったのは「失敗の未来」があって、未来の自分が失敗をして教えてくれていることだから、事前に憂うつな気分になって「憂うつな気分確定」と教えてくれている。だから、私が周りに気を遣って憂うつな気分を受け止める必要がない。なぜなら「失敗の未来」の自分がもうすでにそれは体験していることだから。周りに気を遣って、そして、確定している憂うつな気分を受け止める、ということを未来の自分がやってくれている。それを自分がもう一度再現する必要はないんです。

つまり「嫌な予感がする」と確定しているときは「違う未来」と別の選択肢を探ればいい。方法は簡単で「別の未来」と気に入らないカードを切って捨ててしまうように「次！」と別の未来を見せてもらえばいい。すると「ちょっと遠いけどおいしい店で食事をしている自分の姿」という未来のカードが差し出され「これにしよう！」と選択をすれば、確定していた憂うつな未来を回避することができます。

選択肢は無限にある

昔、ある人から「東京からニューヨークまでの行き方は何通りありますか？」と質問されて私は「航空会社によって経路が違うのを合わせて8ぐらいであとは船ぐらいかな？」と思って12と答えたら「いや、無限なんですよ！」と答えてくださった。たしかに「日光の東照宮に行ってからニューヨークに行く」というのでも一つになるから「ありとあらゆるコンビネーション」が存在していて、どんな選択肢でも選べるんだ、と思ったことがあります。

それと同じように「憂うつな出来事が確定」となっている場合も、私たちの未来の選択肢は「無限」にあります。ありとあらゆる未来の自分が失敗をしていて「憂うつ確定」となっているけど、その中にずるい自分が存在していて「え？　そんな方法で憂うつの現実から逃れられたの？」ということが存在しています。

それは自分の常識を超えた方法だったりするので「自分の頭ではなかなか考えつかない」

となっている。だから「別の未来」という感じで、確定した憂うつが無い未来を未来の自分から提供してもらえばいい。洋服を洋服屋さんで選ぶように「次！」という感じでシャッフルしていきます。妥協しないで「自分に似合っている」という一着が出てきた時に「憂うつな気分が消えてテンションが上がる！」となりますね。それと同じように、私たちはたくさんある未来からすてきな未来を選択することができる。

憂うつが確定している、と思ったら、自分の頭の中で「別の未来！」と唱えてみると、自分の目の前にある別の選択肢が浮かんでくる。すると回避できない憂うつなイベントが必ず確定としてあるはず、と思うわけです。

「家族の集まりに行けば必ず嫌味なことを言われて憂うつな気分になる」とか「親戚からバカにされて不快な思いをするのは確実」という感じ。これも「別の未来」と唱えてみると「参加しない」という選択肢が出てくる。「そんなの卑怯じゃん！」とか「そんなの無理！」と思ったら「別の未来」と唱えて、別のカードを差し出してもらう。すると「自分だけ違う旅行に行ってしまう」という選択肢が出てくる。「あ、そうだ！　その日は温泉に行こう！」と楽しいことをしてしまえば、ゆったりと湯船につかりながら「失敗の未来」の自分の犠牲に感謝することができちゃう。

仕事で失敗して確実に上司から怒られる、という憂うつな気分になっている時に「別の未来」という感じで、自分の未来をシャッフルして別の選択肢を流してもらう。すると、別の未来の自分が「上司から怒られる前に上司の前でものすごく反省をする」という選択肢を出してくる。これまでの自分だったら上司の前で固まってしまって「さらに怒られて最悪なことになる」というのが確定していたけど、それが「違う未来になるかも」と思えてくる。

でも、反省するのが憂うつだから「別の未来」と別の未来のカードを出してもらう。すると「上司の前でこれからは上司の指示で動きます！」と言っている自分が出てきて「え〜？」となる。たしかに上司からお小言を言われるのが憂うつでいつも上司に相談をしないで仕事を進めてしまって失敗して、そして怒られていたから。

「たしかに相談しながら仕事を進める」と言えば上司が喜ぶかも、と上司にいちいち相談していて、上司が辟易する姿が見えてきた時に「この未来だ！」と選択してみる。すると確定していたはずの憂うつな気分が回避されて「自分の未来が変わっていく！」となっていました。

方法は簡単！　確定している場合は「別の未来！」と唱えて別の未来の自分に頼ればいい。

そして、自分のお気に入りの未来を探して、憂うつな気分を回避して、どんどん自由に生きることができるようになります。

4-5 いっそのこと未来を見えないようにしてしまう

悩んだ末に失敗する

私は先のことを考えて憂うつになり、焦って決断をしてしまって「あーあ、あんなことをしなければよかったのに」と後悔の連続でした。

子供の頃からずっとそうで、親からは「あなたがよく考えてやらないから」と怒られていました。大人になってからも上司から「なんでよく物事を考えないで行動するんだ！」と怒られていたのですが「あれ？　私って考えないで行動していました？」と疑問になります。

いや、考えないで行動することはなくて、むしろ「ものすごく考えて行動していて、それが裏目に出る」という結果になっていた。ものすごく考えて、迷って苦しんでやったことなのに、外から見ていると「何にも考えないで行動している」と思われてしまう。それってなぜ？

と不思議に思っていました。

たしかに、考えたらもっとましな行動ができたじゃないか！　と傍から見たらそう見えるかもしれないけど「私の立場になって同じことをやってみてよ！」と思うわけです。でも、考えに考えて悩んで出した結果が「失敗」ということが私の場合あまりにも多すぎる。

それってもしかしたら「未来」が見えるからなのかもしれません。いろんなことで迷って憂うつになってしまうのは「未来の選択肢」がたくさん見えているから。

私にしたら「どれを選んだら楽しいのか？」ということではなくて「どれを選んでも失敗するかも？」と思いながらびくびくしながら選んでいます。なぜなら、自分が一生懸命に考えてやってうまくいったためしが無いから。電車に乗っていて席に座っていたら、ご高齢の方が乗ってきて「席を譲ろうかどうしようかな？」と考えている瞬間に「何を年寄り扱いして！」と相手が不機嫌になって拒否される、という未来が浮かんできてしまって「どうしよう？」と躊躇してしまいます。

そんな迷いがありながら思い切って「エイ！」と声をかけてみると「あ、すぐに降りますから結構です」ときっぱり冷たく言われてしまい、周りの乗客の冷たい視線が突き刺さってきます。

この未来は自分の中では見えていました。でも、拒否のされ方が自分の思っていたものとは違うので厳密には「未来が見えていた」とは思わないのですが「やっぱり最悪なことは自分が思っていた通りになった」という感覚になります。

未来を知るほど成功しなくなる

未来には選択肢がいっぱいあって、それぞれに「失敗した未来」がたくさんあります。未来が見えれば見えるほど、たくさんの失敗の選択肢が増えてきて「どれを選んだらいいのかわからない！」となってしまい、結局選択したものが「失敗の未来だった」ということになっていました。

もうひとつ例をあげると、学生時代に「女の子をデートに誘う」という時に、ものすごく悩んでいるのは「誘った時の未来」がたくさん見えているから。自分では「最悪を想定していた方が失恋した時のダメージが小さい」と拒否される未来を見てしまいます。すると、未来を知れば知るほど選択肢が増えて「失敗の未来」も増えるから「どんどん緊張して怖気づいてしまう」という感覚になる。

そして、悩んだ末に女の子に「一緒に映画に行きませんか?」と誘って「あー、やっぱり気持ち悪がられた」となるのは、見事に未来を知ることで増えてしまった「失敗の未来」を選択してしまっているから。未来を考えれば、脳は時間旅行をして未来を知ることになります。未来を知れば未来が変わってしまうから、別な選択肢ができてしまう。そして未来の失敗の選択肢が増えてしまう。

もっと問題なのは、自分が考えていることが脳のネットワークで未来の相手にも伝わってしまうこと。告白した女性の脳に「あいつが迷いながら告白してくるぜ」というのが事前に伝わってしまう。自分が迷っていないのだったら「男らしい」となるかもしれないけど、自分の迷いまで相手の脳に伝わってしまったら「あいつ男らしくなくて気持ち悪い」となってしまいます。そんな感じで相手はこちらの手の内を知っているから、さらに失敗の可能性が高くなり「未来を知れば知るほど成功の可能性が低くなる」となり、結果、憂うつな気分になってしまうんです。

こちらの手の内を知られている？

未来の失敗の選択肢を少なくして、さらに相手にこちらの手の内を知らせないようにするには「バカを演じる」という方法があります。未来のことを知らなければ、選択肢は増えない。それでもたくさんの選択肢があるのは「未来の自分がさまざまな失敗から学んでいるはず」だから「未来の自分に任せちゃおう！」と自分はバカを演じて自分の運命を未来の自分に託してしまいます。

たくさんの選択肢があるということは、たくさんの失敗の未来の犠牲が自分にはあるわけです。その中から未来の成功を未来の自分が勝手に選んでくれる。自分で選ぼうとすると、未来を知ることでどんどん未来が変わってしまうので「どれを選んでも失敗」となってしまうから未来の自分にまかせて、自分は未来のことを考えそうになったらバカを演じる。「私には未来のことはわかりません！」というバカを演じた時に、それを哀れに思ったたくさんの選択肢の中に生きている別の時間の自分が「こっちを選択した方がいいよ！」と成功への道へと導いてくれる。考え抜いた優秀な未来の失敗した自分が「こっちじゃなくてあっちの方がいいよ！」と教えてくれる。

さらに、バカになることで、周りの人たちに私の策が脳のネットワークで漏れなくなり「うまく事が運ぶようになった」と、憂うつな気分からいつの間にか抜け出せるようになります。

あれだけ悩んで考えていたのに、結果はいつも憂うつな気分になっていた。それがバカになって何も考えなくなったら、自動的に「一番いい方向に進んでいる！」と知らないうちに私が理想としていた方向へと導かれるのです。

人間関係でもやり取りを考えそうになったら「バカになる」と頭の中で思って、考えるのをやめてみると「人間関係もスムーズになった」と、これまであれだけ考えて気を遣っていたのに、バカにされて蔑まれていた関係が変わっていく。そう、未来の自分はたくさんの失敗から学習しています。そして、自分がバカになることで、未来の自分がたくさんの失敗の学習を生かしてくれて、自分を助けてくれる。そしてバカになることで私は周りに私の手の内を知られずに、虎視眈々と私の夢の方向へと進むことができる。バカになると憂うつな気分からいつの間にか解放されています。

COLUMN 2

やたら「成功の未来」を見ている人は幸せなのか

「成功の未来」を見ているとたしかに「幸せのホルモン（ドーパミン）」が分泌されるから「幸せじゃ～」と感じることができるんです。

でも、この幸せのホルモンは分泌され過ぎてしまうと「精神的な病の方」と同じ症状になってしまう場合があります。クレランボー症候群は愛されているという妄想を抱く精神障害です。相手が微笑んでくれたから私は愛されている、と思えてしまう。

まあ「愛されている」と思うのは幸せなのですが「愛してくれるのだったらなんで私と結婚してくれないんだ！」と今度は怒りに変わったり、執拗に相手を追い求めたりして相手から怖がられてしまう。相手から怖がられても幸せのホルモンのせいで「あの人は私のことを愛している」と思って相手との関係を切ることができなくなり、泥沼状態になってしまったりします。

他には「未来の成功」をたくさん見て幸せのホルモンが大量に分泌されることで「自分はすごい人なんだ！」という誇大妄想に取りつかれてしまうケースもあります。幸せのホルモンが分泌され過ぎていると「自分が見ている現実と周りの人たちが見ている現実が違う！」と怒りを覚えてしまう。「なんで自分はこんなにすごい能力を持っているのにみんな私のことを認めないいんだ！」

という感じから「みんな私のことをすごいと思っていて注目している！」という感じになっていく。

でも、誰もそんなことを言っていないし、そんな現実は誰も目撃することができないのだが、幸せのホルモンが分泌され過ぎていると「それが現実」と思って疑うことができなくなってしまう。

また、成功の未来を見て幸せのホルモンを大量に分泌させることで「幸せ」になるのだが、人間には「ホルモンを中和する」という恒常性という機能が働いてしまいます。

だから「幸せ」の逆の「孤独」が後から襲ってきて「見捨てられる」という不安感が強くなって、周りに対して攻撃的になったりすることがあります。そして「見捨てられる不安」から逃れるために「成功の未来」を見て幸せのホルモンを分泌させると「見捨てられる不安」がさらに強く襲ってくるという悪循環になったりすることもあるんです。

ですから「幸せの未来」を頻繁に見ている人って、幸せかというと、まさにその逆になってしまって幸せの現実からどんどんかけ離れていってしまう。自分の頭で想像していることと、現実とが伴わなくなりつじつまが合わなくなるから、さらに「成功の未来」を見て現実から目を背けなければならなくなってしまいます。

本文の中で「成功の未来」と頭の中で唱えるにとどめているのは、この幸せのホルモンを分泌させ過ぎないようにするため。唱えて「成功の未来」の感覚にとどめることで、ホルモンの分泌量を抑えて、成功の未来の自分に導いてもらって、現実が成功の方向に自動的に変わっていく、という流れにしています。

自分のイメージ通りに成功の方向に変えるのではなくて、未来の成功した自分が現実を整えてくれます。

第5章

「脳の時間旅行」が信じられない人へ

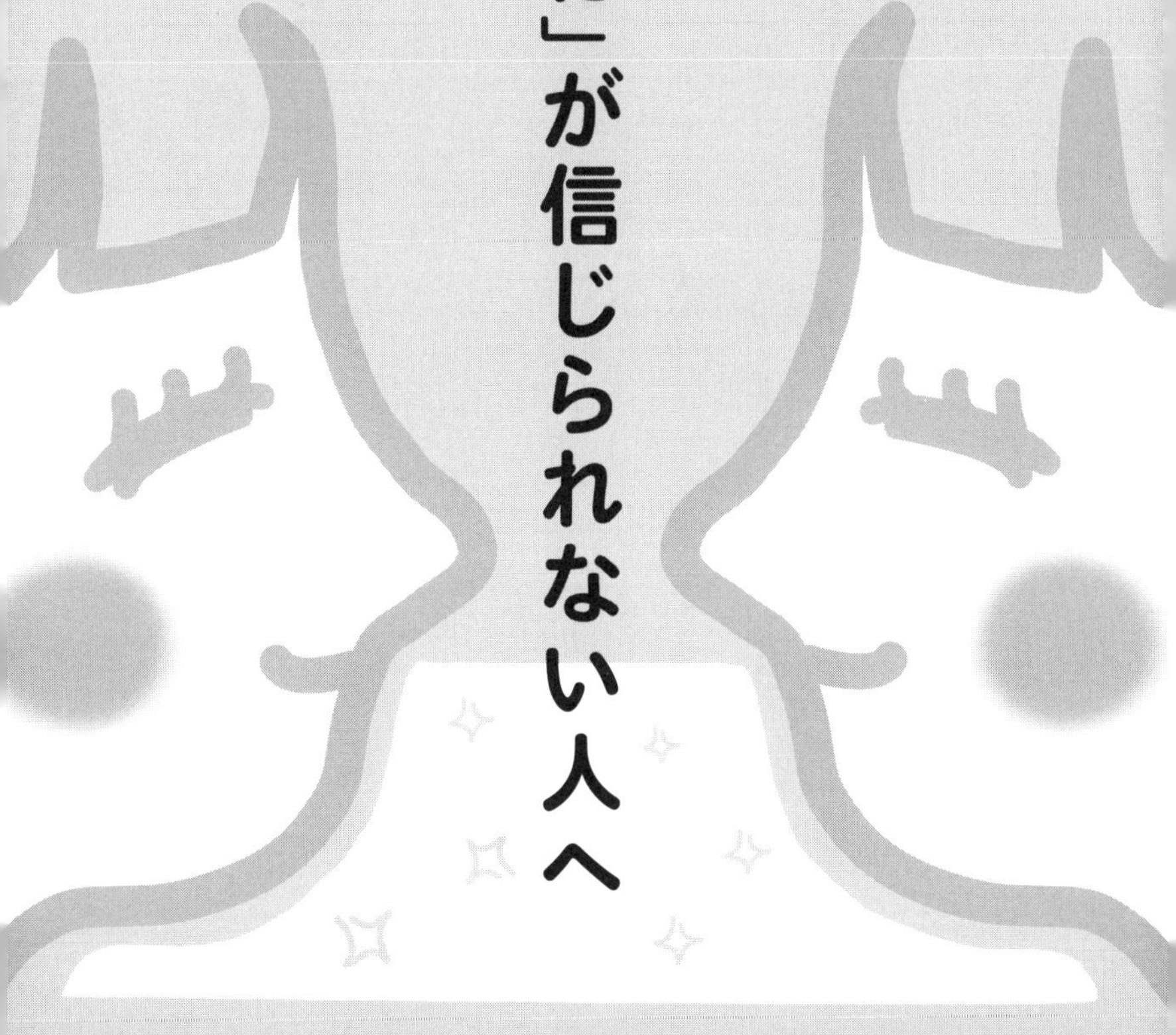

5-1 憂うつじゃない時の状況を思い出してみる

新たなストーリー

「自分の脳が未来の自分とつながっている」と信じられなくても構いません。なぜならこの「脳が未来とつながっている」という考え方は実証科学（evidence based）ではなくて物語（narrative）ですから。

ナラティブ・アプローチ（物語）は1990年代に臨床心理学の領域から生まれて、現在では医療やソーシャルワークの分野でも使われています。ナラティブ・アプローチは相手の語る「物語」を通して、その人らしい解決法を一緒に見つけていきます。その人らしい解決方法は、語られる物語から「新たなるストーリー」を生み出して、物語を再構築することで、困難な状況から抜け出すことを目的としています。

たとえば「会社に行くことを考えると憂うつになる」と思った時に、普通だったら「自分が弱いから憂うつになる」とか「自分に職場の人間関係が合っていないから憂うつになる」という常識的な原因が思い浮かびます。そしたら「憂うつにならないためには強くならなければいけない」ということになりますが「これまでどんなに努力をしたって強くなれなかったからこれから努力をしたって無理！」とさらに憂うつになってしまいます。「人間関係が自分には合っていないのでは？」となって「転職するしかない！」と転職の努力や転職先のことを考えたら、さらに憂うつな気分になってしまうわけです。

ナラティブ・アプローチで「憂うつではない時の状況を思い出してみましょう」と聞いてみるのは、憂うつではない時には「先のことを考えていない！」という気づきがあるから。でも「先のことを考えたら憂うつになるから、先のことを考えないようにしましょう」とアドバイスをされたって「先のことを考えるのが止まらない！」となるのが憂うつになる人の特徴です。そこでナラティブの「新たなるストーリー」は、先のことを考えると脳は時間旅行をしてしまい、未来の理想の自分の人柱となってしまうから憂うつになる。それだけじゃなくて、脳内で時間旅行をすることで、ものすごいエネルギーを消費してしまうからさらに憂うつになる、という物語です。

考えないありがたさを感じる

自分では「何気なく先のことを考えている」と思っていたのに、それが「それをすることで時間旅行をしている」というだけで「すごいことをしているんだ」と先のことを考えることに対して慎重になります。「ただ考えているだけ」と思っていたのが「時間旅行で莫大なエネルギーを消費する」なんて言われてしまったら「あまり頻繁に考えてはいけないんだ」と〝物語〟とわかっていても注意するようになるわけです。そして、時間旅行をすることでたくさんの未来が存在している、ということがわかります。自分のちょっとした選択で、未来が変わってしまうから。

自分が憂うつになるということは「成功した未来の自分」という今の自分とは別の時間軸があって、その犠牲者となるから憂うつな気分になってしまう。ただ、ダメで失敗ばかりの未来が待っているのだったら「ドナドナ（子牛が牧場から市場に引かれていく歌）状態」で悲しいけど、憂うつな気分にはなりません。そこには希望がない訳ですから。自分の未来の失敗の陰に成功した自分が存在しているから「なんで自分だけ惨めな目に遭うんだ」となり「憂うつになる」という物語を展開させてしまいます。

「自分が弱いから憂うつになる」ということであれば、先のことを考えた時に時間旅行をして「未来の強い自分」が存在している時間軸を垣間見てしまうから「強い or 弱い」が出てくる。そして「強い未来の自分」の犠牲になっている現在の自分を感じ取るから「憂うつになる」となります。

「人間関係が合わない」という状況でも、先のことを考える時に時間旅行で「職場の人間関係が合っている自分」という時間軸が存在していて「あの時間軸の犠牲になっている」ので憂うつな気分になる、という物語です。物語として聞いていても「はっ！ たしかに先のことを考えていない時は憂うつじゃないし、考えないでうまくことが進んでいる」ということに気がつくわけです。

そうしたら「自分が憂うつじゃない時って、たくさんの他の失敗の時間軸の自分が犠牲になってくれているのかも」と思ったら「考えないありがたさ」を感じることができます。「考えないって、自分が何も努力していないみたいで嫌！」と多くの人は思ってしまうのですが、その背後にたくさんの自分の犠牲があるから自動的に成功できるんだ、ということだったら、全然「考えない」の意味づけが違ってきます。

「脳が未来とつながっている」なんて信じる必要はなくて「憂うつになってしまう自分への物語」として聞いていても、ナラティブ・アプローチとして有効なんです。先のことを考えて憂うつになってしまう自分は、未来の成功の人柱になってあげている、と無意識で「先のことを考えてしまう自分」を責めなくなります。

むしろ、それをすることが別時間軸の成功した自分の助けになっている、ということで決して無駄ではない、という感覚が「物語」を通じて得られます。さらに「考えない」という何気ない選択の背後には、たくさんの自分の犠牲があって「自分が何もやっていないわけではない」となるわけです。王様だって将軍だって「自分では細かいことはやらない」のです。「考えない」ことで、たくさんの他の時間軸の自分が犠牲となって、考えない自分の成功を支えてくれる王様気分を味わうことができる。

そんなストーリー展開ができるのがナラティブ・アプローチなんです。

5-2 なぜ「起きていないこと」の記憶があるのか

きっかけは引きこもり男性との会話

私が時間旅行のナラティブ・アプローチを使うきっかけになったのは、引きこもりの男性とお話をしていた時でした。

その男性は、何年も引きこもっていて女性と出会うチャンスも全くないのに「幸せな結婚生活と充実した仕事」の理想の話をされます。そのお話を聞いているときに、私は心の中で「そんな理想を語るんだったらちょっとは努力をしようよ！」と思ってしまったのです。幸せな結婚生活を語っていたって、私に対してはものすごく横柄な態度だから「そんな態度では女性から好かれないでしょ！」と思うわけです。ところが、それをやんわりと伝えると、男性は「なんで私がそんな努力をしなきゃいけないんだ」という態度になってしまいます。

さらにその男性は「理想的な仕事」ということで「本を書いたり」などと語っていました。「だったら本を読むこととか、毎日少しずつ文章を書くとかの努力は？」と思うのですが、本もペラペラとめくって中身を勝手に語るだけ。だったら書くことができるの？　という と「集中して書くことなんかできない」となってしまって「これから先もちっともそんな自分になれない」と嘆くばかり。

そりゃ、なんでも練習や努力を積み重ねなきゃ、求めているものを手に入れることって難しいでしょ、と思うのですが「自分はそれをちっとも手に入れられない」と私に怒りをぶつけてきます。

中華料理屋で自分が口にした言葉

そんな怒りをぶつけられている時に「あ！　自分も過去に同じようなことがあった！」と思い出しました。忘れもしません、中学生の時に、親戚のおばちゃんが田舎町で一番おいしい中華屋さんに連れて行ってくれた時に「あなたは将来何をやりたいの？」と聞かれて、迷いもしないで「心理カウンセラー」と答えていました。笹を持った2頭のパンダがお店のキャラクターになっている中華屋さんで料理を待っている時に、私はそれまで考えたことがなかった「心理カウンセラー」という言葉を発していて「人の心の傷を癒やす仕事をするんだ」と偉そうなことを語っていたわけです。

それまで全くそんなことを考えたことがなかったのに、口からペラペラとそんなことが出てきます。おばちゃんから「大学はどうするの？」と聞かれたら「日本の大学じゃなくてアメリカの大学に行く」と答えた自分がびっくり。英語の授業で単語がちゃんと読めずにみんなから笑い者にされていた私が留学するなんて無理、と思っていたのに、そんなことを言ってしまっていた。

その頃の私は、全く勉強ができず「クラスでトップの落ちこぼれ」でした。しょっちゅう未来のことばかり考えていて「自分は高校と大学受験に失敗して、肉体労働者になって36歳まで何もできずに惨めな思いをしながらこの世から消えていく」というはっきりとしたビジョンが見えていました。

そんな未来を想像して憂うつになってしまって「何もやる気が起きない」と一切勉強など

したことがなかった。いつもその憂うつな気分から逃れるために、全てを誤魔化して生きていた。母親はそんな私を心配して、おばちゃんに相談したところ、おばちゃんが中華屋さんに誘ってくれたのだと思います。

たぶん、おばちゃんが母親に「あの子、心理カウンセラーになるって言ってたわよ」と伝えたら大笑いをされて「あの子、やっぱり口ばっかりで何もできない子！」と言われていたと思います。おばちゃんは普段の私のことを知らないから「もしかしたら、これから努力するかもしれないわよ」と母親に伝えてくれたかもしれませんが「やっぱり何も努力をしない！」という状態がそれからもずっと続いていたんです。

ですから、今、振り返ってみても「なんで努力もしていないのに、起きていないことが見えたの？」ということが不思議でした。心理カウンセラーなんて思ったこともなかったし、それに向かって努力したこともありませんでした。でも、それがなぜか私には見えていた。

そんなことを思い出し「あ！　この方も未来の時間軸とつながっているかも！」と思えた時に、ナラティブ・アプローチが理解できるようになりました。努力をしないでどうして成功の未来が存在するのか？　という謎が私の中で解けたわけです。

未来に成功している時間軸が存在していて、先のことを考えて時間旅行をすると「成功した時間軸の自分」に触れることができるから「起きていないことの記憶」が存在する。何もやらない自分は未来の成功した自分の犠牲になっている、と思ったら「なんで自分は変わることができないの」という怒りもよくわかるようになりました。

たくさんの失敗という経験を繰り返して人は成功へと導かれていきます。たくさん未来のことを考えて「努力できない」という失敗を繰り返した別の時間軸の自分がたくさん犠牲になってくれたおかげで、「何も考えないでもうまくいく」という、別の時間軸の成功した自分が存在する。

こんなことを先ほどの男性に話をしたら真っ向から否定されてしまうので、黙って自分の中にとどめて男性の「未来の自分」の話を聞いていたら「あれ？　いつの間にか勉強をするようになった」とコツコツ勉強をするようになっていました。それまで全く勉強をしないで学校教育の批判ばかりしていたのに。

さらに、家族とちゃんとコミュニケーションを取るようになった、と激変の報告を聞いたときはびっくりしました。

「このままずっと変わらない」と思っていたのに「別時間軸の成功のための存在」と思って話を聞いていただけで、展開が変わってしまいます。以前、男性の口から語られていた「夢物語」と思われていたことが「どんどん現実になる」とびっくりするわけです。「起きていないこと」が実際に現実になっていったのは、男性が脳の時間旅行で未来を見ていたから。

その物語が現実を成功の方向へと一つずつシフトさせていったんです。

5-3 未来が見えなくなるのが怖いと思ったら

別時間軸の自分に任せる

「時間旅行はナラティブ・アプローチ」で物語である、と書いているのですが、私の中では「本当に脳内の時間旅行が存在しているのでは？」と信じてしまっている節があります。それは「未来が見えなくなったら怖い」と感じてしまうから。最悪な未来はいくらでも想定できる、と自負しているのですが、ある部分になると「まったく先が見えなくなる」ということがあって「どうして先が想像できないの？」と怖くなります。

人間関係など、いろんな人と接していて「先に起こる困ったこと」というのがなんとなく想像できるのですが、ある人のことになると「まったく先のことが考えられない」とどんなに想像力を働かせようとしても「わからない」となってしまいます。先のことが考えられないし、想像できない、となるから怖くなる。

先のことが考えられなくなった相手に自分がのめり込み過ぎているのかな？　と考えてみるのですが「感情的にのめり込んだら逆にいろんな未来が想像できるでしょ！」と思うわけです。そうじゃなくて、ある特定の人のことになると「あの人との未来がまったく見えない」と怖くなる。そんな時に「この人との未来はないのかな？」と不安になることから「あ！何気に自分は脳の時間旅行のことを信じているんだ！」ということがわかるんです。時間旅行がなかったら「先が見えないから、その人との将来がない」とは思いませんよね。その人との未来のことがただ想像できないだけ、と時間旅行を信じていなかったら受け流すことができちゃう。

もし､脳が未来とつながっているとしたら「どうして未来が見えなくなることがあるの？」と考えてみると興味深いことになります。前に、たくさんの失敗の未来の自分が成功の犠牲になっている、と書きました。「未来のことを考えない」という時は、たくさんの失敗の未来の自分が犠牲になって成功に導いてくれている時になります。

そうなると、未来の別時間軸の自分がたくさん考えて失敗を重ねてくれて「もう何も考えなくても成功の方向に導いてくれる」ということになります。十分に成功への道筋が未来の自分によって積み上げられたから「これ以上、自分で考える必要がない」ということで「未来が見えなくなる」ということになっている。

実際に私の人間関係で「この人との未来が見えない」と不安になった人との関係では「え！　自分が想像していたのとは全く違う展開になった！」とびっくりします。いろんな先に起こることを想像することができて未来が見えていたら、私は必ずや相手との関係で余計なことをしてしまうから、その意外な展開には至らなかった、となっていたはず。未来が見えないから、私は余計な手出しをしなくて「相手にとっても自分にとっても幸せな未来」を手に入れることができました。

「その未来が見えなくなった」というのは、絶望で見えなくなったのではなくて「別時間軸の自分たちに任せておいた方がいいから見えなくなった」という考え方になります。

「先が見えなかったら不安」とか「見えなくなるのが怖い」という感覚はありますが、その背後にはものすごくたくさんの別の時間軸の自分が犠牲になって「最高に素晴らしい展開」を用意してくれている。「自分で考えて、失敗を繰り返しながらやらなければ怖い」と思うかもしれませんが、それはすでに別の時間軸の自分がやっておいてくれていること。

自分に対する信頼感

昔､心理学の授業の時に「人に対する信頼感を強めましょう」という体験をするために「トラストフォール」をやらされたことがあります｡自分が誰もいない正面を向いていて､そして､後ろには何人かの人が私を支えてくれる、というしくみ。

私は「信じて後ろに倒れるのが怖い！」となかなか目をつぶって後ろに倒れることができませんでした。「だって後ろが見えないから怖い」と思っていたから。「後ろに誰もいなかったら？」とか「みんなが手を差し伸べてくれなかったら怖い！」などと悩み苦しみながら、思いっきり後ろに倒れて自分の身体を任せることができなかった。

でも、見えなくても信じて後ろに倒れてみる、ということをやってみたら「フワッ」と優しい手が私の背中を支えてくれて、私の身体を柔らかくキャッチしてくれた。何度も繰り返しやっているうちに、後ろにいてくれる人たちを信じることができて「怖い」という感覚が薄れていきました。

「未来が見えなくて怖い」と思っている時に、私はあの授業で体験したトラストフォールのことを思い出します。別の時間軸で自分のために犠牲になっている自分たちが「怖がらなくても大丈夫だよ！」と声をかけてくれている。そんなの信じられなくて怖い、と自分で一生懸命に考えようとするけど、私の目の前には何も見えない。そこで思い切って、別の時間軸の自分のことを信じて任せてみると「フワッ」と幸せの方向へと着地をしていく。

誰を信じなくてもいい、別の時間軸の自分がたくさんの失敗を繰り返して、私のために幸せの着地点を用意してくれている、ということが「怖い」と思いながらも任せていくと体験できるのだから。もちろんこれもナラティブ・アプローチなのですが、未来が見えなくて不安に思っている時にこの物語が思い出されて、不思議と自分に対する信頼感が増していくような気がするんです。

自分が未来のことを考えなくても、知らなくても、たくさんの自分が私を支えて助けてくれる、と。

5-4 いつの間にか元気・勇気がみなぎってくる

別の時間軸の自分も同じ思いをしている

先のことを考えてしまうと憂うつになり、取り越し苦労をして、考える時間と労力が無駄になっている、と思いながらも止めることができませんでした。

不器用だから？　それとも「転ばぬ先の杖」と教えられてきたから先のことを考えて憂うつな気分になってしまうの？　と先のことを考えて苦しくなってしまうダメ出しが止まりませんでした。

でも、時間旅行をしている、というナラティブ・アプローチを使ってみると「自分が憂うつになることは無意味じゃないのかも？」と思えてきます。時の流れは一つじゃなくて、選択肢をちょっとでも違えたらたくさんの未来が存在します。自分が未来のことを考えて憂うつになる、ということは、この自分のたくさんの未来のどこかに「成功の未来」が存在しています。研究でも芸術でもビジネスでも「すぐにそのまま成功する」ということはあまりありません。たくさんの失敗の積み重ねで、たくさんの人の犠牲があって「成功の未来」というものは成り立っています。

私は、いつも先のことを考えて憂うつになってそして無駄に失敗を繰り返してきた、と思っていました。

でも、それは違っていて、私の憂うつと失敗はすべて別の時間軸の未来の自分の礎になっている。私の憂うつと失敗があるから、そこから学習した未来の自分が私の経験を使って成功を成し遂げてくれる、と思った時に「この私の憂うつは無駄じゃないかも」となっていきました。

自分がたくさん先のことを考えて、憂うつになりそして失敗することで、その経験が別の時間軸の自分に生かされて、この憂うつが光り輝くものに変えられていく。そして、私が先のことを考えないでいる時に、今度は別の時間軸の自分たちがたくさんのトライ&エラーを繰り返して、私を成功の方向へと導いてくれる。自分が一人で憂うつになって苦しんでいるのだと思っていたら、別の時間軸のたくさんの自分も苦しんでいて、その中の成功の自分を支えていた。この自分の憂うつには、いつも、別の時間軸の同志が存在していました。

「先のことを一人で考えていて憂うつだ」と思っていたけど、同じ思いをしている別の時間軸の自分を感じようと思ったら、そこにはたくさん存在していた。それだけたくさんの自分が未来の自分の成功を支えているのだから、それを感じた時に憂うつになるのも当たり前なのかな、と思えるようになってきました。

自分は自分を見捨てない

「一人だけじゃなくて、たくさんの別の時間軸の自分が同じ思いでいてくれる」と感じてみると、いつの間にか憂うつな気分から解放されていて、さわやかな気分になってきます。別の時間軸の自分がやっていることに思いをはせてみると、他の時間軸の自分がやっていることが無駄じゃない、と思えると同時に、自分のこの憂うつな気分も決して無駄にはなっていないんだ、と元気になってくる。そして、たくさんの別の時間軸の自分が私の成功のために道を開いてくれているのだったら、私は成功の道に向かっていってもいいのかもしれない、という勇気が私の中から湧いてくる。

そう、一人じゃない。一人で憂うつさに耐えているのではなくて、成功を支えている別の時間軸の自分たちみんなでお互いを支え合っている。そんな風にお互いに憂うつな気分になりながら、支え合っている自分を感じた時に、それまで経験したことがない、不思議な力を感じられるようになります。

私は一人じゃなくて、別の時間軸の自分たちとも脳はつながって、そして勇気と力をもらって、成功への道を歩んでいける。自分が何も考えられない時や、未来が全く見えない時でも、別の時間軸の自分たちは必死になって考えて、そして今の私が考えられない方法で道を開いてくれる。

これまで「自分を信じることができない」と思っていたけど、自分と同じように先のことを考えて憂うつな気分になっている自分がいてくれる、ということに目を向けるだけで「別の時間軸の自分は信じてあげてもいいかも」と思えてくるから不思議です。

その別の時間軸の自分は、自分と同じような憂うつな気分になっているわけだから、この憂鬱な気分になっている自分を見捨てることはしない、と確信が持てる。そして、私は手放しで、その別の時間軸の自分に見えない未来の背中を預けることができる。両手を広げて、そして未来の方向へと背中を預けた時に、私だけじゃない力が私を支えて、そして私をこれまでの位置よりもさらに高いところへと持ち上げてくれます。

元気がなかった自分の中から元気が湧いてきて、そして、勇気の欠片もなかったような自分の中から勇気の塊を見出すことができる。

それは、時間旅行をした別の時間軸の自分の元気や勇気なのかもしれませんが、今はありがたく自分のものとして使わせてもらおうと、私は心に決めたんです。

たくさんの自分の支えに感謝しつつ。

おわりに——未来の選択肢が増えれば、心が明るくなる

「なんであの時、もっと他の選択肢を考えられなかったのだろう?」と後悔することが私にはたくさんありました。頭が固いというか、周りが見えていないというか「猪突猛進」で目の前のトラブルに突っ込んでいってしまいます。

私は、子供の頃から「なんでもっとよく考えて他の選択肢を選ばなかったの!」と怒られていたのですが、その場になったら「まったく思いつかない!」とトラブルに巻き込まれていく。トラブルに巻き込まれて不幸な目に遭って「先のことをちゃんと考えよう」と思っても「失敗することしか思いつかない!」となっていて「こうなったらいいな!」と思うことは決して起こらない。そんなパターンの中に私はいました。

そんな私が催眠のお師匠さんと出会って「東京から、ニューヨークまでの行き方は?」と聞かれた時に「12通り」としか答えられなくて、その後にお師匠さ

んから「無限です」と言われた時にショックを受けます。「無限」という言葉は素敵だな、とその時に思いました。

それがきっかけとなって「脳は未来の脳とつながる」と考えた時に「あ！　未来の選択肢は無限だ！」ということに気が付きます。自分が発する言葉の一つで未来が大きく変わってしまいます。その一言は私の人生を変えるだけではなくて、他の人の人生にまで影響を及ぼし……なんてことを考えていると「本当に無限じゃないか！」とうれしくなってきました。なぜなら、自分の人生の選択肢は「少ない」と思っていたから。「成功」と「失敗」の二つの選択肢しかなくて、自分はいつも「失敗」の選択肢しか選べない不器用な人間なんだ、と信じて疑わなかったから。

でも「無限の未来」ということを考えたら「なんだってありじゃない！」と心が解放されて目の前が明るくなります。だって「成功」と「失敗」の二つしか選択肢がないと思っていて「失敗」を選択することしかできない、と思っていたから「どの選択肢を選んでもいいんだ！」とものすごく選択肢が増えていろいろ実験したくなるわけです。

それまでは「不幸な未来」しか考えられなかったのが、頭の中で時間旅行をして「これをやったらどうなる？」とか「こんな風にしたらこうなる？」というような感じで、いろんな冒険をすることができちゃいます。


実際にこの原稿を書いている時に、書き出しの時から「この本を物理科学的に詳しく書いたらどうなる？」と書き終わった未来の自分の脳とつなげてみると「あ！　面白くない！」という感覚が未来の自分から伝わってきます。だったら「自分の脳の時間旅行の体験を活かして書こう」と思って未来の自分の脳に時間旅行をしても「う〜ん、違うな」という感じになっていました。私は原稿を書くときにこんな時間旅行をたくさんやっていたんだ、と後になって振り返ってみるとびっくりします。

傍から見たら「ただ、考えているだけでしょ、時間旅行なんてしてないし！」と、時間旅行をしていることなんかわかりません。でも、たくさんの原稿を失敗した未来の自分とつながっていると、ある時に「つながった！」という感じで、スラスラ楽しく書けている自分の脳にアクセスすることができて、「考えなくても未来の自分が自動運転をしてくれる！」という選択肢がやってくるんです。

たぶん「脳の時間旅行」と考えなかったら「自分の中でああでもない、こうでもない、と考えているだけ」と誰しもが思うでしょう。時間旅行の概念を使っている自分は「無限の時間軸の選択肢」があるから「いくらでもアイディアが出てくる」と、失敗した未来の自分とたくさんお友達になることができる。その失敗した時間軸の自分たちが「これを書くと楽しい」という自分にいつの間にかつなげてくれる。

こんな時間旅行をしながら原稿を書いているので「書いていて楽しくて仕方がない」とアホなことを思っている私がここにいます。

「自分の力でいっぱいアイディアを出さなければいけない！」となったら、たぶんすぐに限界がきちゃう。「もう自分の中からは新しいアイディアは出てこない！」って。でも、未来の時間軸は無限、となった時に「何を考えてもいいんだ！」と選択肢が無限になるから「楽しくてアイディアが尽きることがない」となります。もちろん、その手前には「先のことを考えて憂うつになってしまう」がありますけど、私はそれを経て、たくさんの先のことを考えて憂うつな気分になっている未来の自分の脳とつながって、その自分から元気と勇気をもらうことができます。

もちろんこれもナラティブ・アプローチなのですが「無限の選択肢」というメタファーは私の心を明るくしてくれて、そしてさまざまな困難から私を解放してくれたのです。

これを読んでくださった方が、脳の時間旅行で無限の自分の時間軸を体験して、他の時間軸から元気と勇気をもらって人生が変わる、と同時に、この日本の未来も変わっていくんだろうな、と私は未来の自分に時間旅行でアクセスしてみるのです。

みなさんの変化が、やがて大きな変化を巻き起こして、そしてこの私たちの世界を変えていく。その先の未来は私には見えないから、たくさんの人たちの憂うつが私たちを幸せへの道へと導いてくれることになっている。
私はそれを信じて、私の両手を広げながら私の小さな背中を委ねます。

2020年2月　**大嶋信頼**

STAFF

装丁・本文デザイン・イラスト　建山 豊（TRIAD G.K.）
校正　東京出版サービスセンター
編集　大井隆義（ワニブックス）

憂うつデトックス

「未来の不幸な自分」が幸せになる方法

著者　大嶋信頼

2020年4月1日　初版発行

発行者　横内正昭
編集人　内田克弥

発行所　株式会社ワニブックス
〒150-8482
東京都渋谷区恵比寿4-4-9　えびす大黑ビル
電話　03-5449-2711（代表）
　　　03-5449-2734（編集部）
ワニブックスHP　http://www.wani.co.jp/
WANI BOOKOUT　http://www.wanibookout.com/
WANI BOOKS NewsCrunch　https://wanibooks-newscrunch.com/

印刷所　株式会社光邦
DTP　株式会社三協美術
製本所　ナショナル製本

978-4-8470-9896-3